서른살에 꿈꾸면 좋은 것들

인생의·절정기에·선·청춘을·위한·삶의·지혜

서른살에 꿈꾸면 좋은 것들

| 백정미 지음 |

북포스

머리말

서른 살, 인생의 절정에 선 그대에게

서른 살을 떠나온 지 벌써 10년이 넘었다. 서른 살! 지금 생각해 보면 아찔한 기억들이다. 20대의 삶을 어지럽게 만들던 젊음의 광기보다 더 서슬 퍼렇던 서른 살의 시련들을 떠올리면 지금도 가슴 아프다. 그만큼 처절했고 치열했던 서른 살이었다.

그러나 돌아보면 눈물겹게 아름답고 행복했던 시절이었다. 빛의 중심에 서 있는 자가 그 사실을 자각하지 못하는 것처럼 나는 그 시절이 얼마나 아름다웠는지 미처 깨닫지 못했다. 철없는 객기의 20대를 지나 인생의 황금기를 맞은 서른 살은 불붙은 화살처럼 내 곁을 빠르게 지나가고 말았던 것이다.

그 시절 조금만 더 세상에 대해, 자신에 대해, 인생에 대해 알았더라면 좋았을 텐데 하는 진한 아쉬움이 남는다. 조금만 더 삶을 진지하게 느끼고 현명하게 꿈을 설계했더라면 더 많은 행복에 다가갈 수 있었을 것이다. 하지만 서른 즈음에 느꼈던 수많은 혼란과 아픔으로 인해서 소중한 삶의 지혜들을 얻을 수 있었다. 그 깨달음들을 한 권의 책으로 엮어 그대에게 다가가고자 한다. 나의 글들을 읽고 서른 살 인생의 절정에 선 그대가 조금은 덜 혼란스럽고 덜 고통스럽게 인생을 살아가기를 바란다. 그리하여 건강하고 행복한 삶을 영위하기를 진심으로 소망한다.

 이제 그대는 인생에서 가장 빛나는 나이가 되었다. 누구보다도 더 행복하게 멋지게 30대를 살아갈 수 있을 것이다. 그대, 꿈이 있는가? 그 꿈을 향해 힘차게 걸어가라. 사랑이 있는가? 그 사랑을 위해 아낌없이 헌신하라. 소망이 있는가? 그 소망을 위해 간절하게 기도하라. 서른 살의 희망과 꿈이 그대의 인생을 결정하게 될 것이다.

 많은 사람들을 만나고 이해하고 포용하라. 자기 자신에 대해서는 엄격하고 타인에 대해서는 관대하라. 불의를 보거든 정의로 맞서고 인간의 품위를 잃지 않는 삶을 살아가라. 그리고 그대 앞에 놓인 모든 것들을 사랑하라. 그것이 사람이든 자연현상이든, 한 알의 소중한 씨앗을 대하듯 하라. 그대의 서른 살은 그대의 인생에서 지고지순한 가치로 충만한 시절이 될 것이다.

2011. 4
백정미

차 례

머리말 00

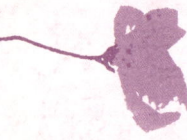

제 1 장
서른, 최고의 순간은 바로 지금이다

그대는 충분히 행복할 자격이 있다 12
살아 있음에 감사하라, 살아 있음을 증명하라 16
남의 결점보다 장점을 먼저 보는 것이 지혜다 21
최고의 순간은 바로 지금이다 24
즐거운 몰입만이 그대의 삶을 바꿀 수 있다 28
고민에게 말하라, "꺼져버려!" 32
진정한 자유는 증오와 원망을 내려놓을 것 36
자기만의 수호신을 창조하자 41
불행한 이웃에게 동정 아닌 연민을 44
비난의 부메랑 효과 49
두려움에 맞서는 법 53
애인보다 책을 더 가까이 하라 57
인생의 황금기, 자기만의 비밀 취미를 즐겨라 61
영원히 소유할 수 있는 것은 없다 65
자긍심으로 마음의 상처를 치료하라 68
영혼을 정화시켜 주는 음악과 사귀어보라 71
목적 없이 낯선 곳으로 여행을 떠나자 74
매력적인 사람이 되어라 79

제 2 장
서른, 후회 없이 사랑하라

후회 없이 사랑하라 84
오늘의 좋은 기억은 내일의 아름다운 추억이다 88
이 세상에 사랑받지 못할 사람은 없다 91
미운 사람에게 환한 웃음을 날려라 94
'사랑'이란 말에는 부작용이 없다 97
먼저 고백하라, 먼저 사랑하라 101
그대를 위로해 주는 것 105
타인의 마음을 이해하기 위한 방법 108
사랑의 손길로 마음을 표현하라 112
말투는 그대의 인격이다 115
더 이상 사랑할 수 없을 때를 생각하라 119
소음도 음악소리로 들을 수 있는 마음 123
가치 있는 일을 위하여 '헌신'해 보자 126
행복은 도전과 연습의 산물이다 131
생각만 해도 심장이 뛰는 꿈을 품어라 134
어쩔 수 없는 일들에 대하여 137
반성에 늦은 나이란 없다 139

제 3 장
서른, 생각을 발효시켜라

신뢰할 수 있는 사람이 되라 144
마음이라는 우물을 정화하는 법 148
변화를 순리를 받아들여라 151
진정한 부자가 되는 길 154
시련을 극복한 사람은 남의 아픔을 이해할 수 있다 157
아침마다 감사하기 160
나와의 데이트를 즐겨라 164
생각을 발효시켜라 167
내가 아닌 다른 사람으로 살아본다면? 169
늙은 빗자루가 들려주는 지혜 172
당근 싹이 들려주는 지혜 174
그대여, 따뜻한 작별을 하라 177
"도와주세요"라고 솔직하게 말하라 180
인생은 즐거운 신기루 183
진정한 벗은 한 명으로도 충분하다 187
그대만의 역사를 써라 190
이름 없는 것들에게 이름 선물하기 193
혼자서도 잘 지낼 수 있는 비결 196
그대 안에 우주를 품어라 199

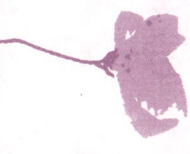

제4장
서른, 그대보다 더 존귀한 이는 없다

향기로운 추억을 만드는 지혜 204
실수는 실패가 아니다 208
우울할 때는 목청껏 노래를 불러라 211
겸손의 향기를 품어라 213
가슴 설레는 기다림을 느껴보라 216
선택에 따라 행복과 불행의 자리는 바뀐다 219
'할 수 있다'는 믿음이 꿈을 이룬다 223
그대보다 더 존귀한 이는 없다 227
어머니에게 선한 삶을 배우다 230
다양한 경험은 다이내믹한 삶을 이끈다 233
이것이 마지막이라는 생각이 들 때 다시 일어서라 236
생명과 비교할 만한 가치는 없다 241
울지 말기를… 그대는 혼자가 아니다 244
죽음에 대한 두려움은 뜨겁게 살게 하는 힘이다 247
고독해 보지 않은 사람은 인생을 알 수 없다 250
남의 마음보다 나의 마음부터 헤아려라 253
빗방울이 우리에게 주는 메시지 255
즐거움이라는 주파수에 영혼의 안테나를 맞춰라 258
진심 어린 충고를 망설이지 말라 261
때로는 백치처럼 살아보자 264
행복의 별을 그대 품안에 267

제1장

서른,
최고의 순간은
바로 지금이다

그대는
충분히
행복할 자격이
있다

이제 갓 서른이 되었거나 이미 서른이 지났을지도 모를 그대에게 가장 먼저 해주고 싶은 말은 '행복은 언제나 그대 곁에 머무르고 있다'는 사실이다.

행복이라는 보일 듯 보이지 않는 아스라한 명제에 대해 생각해보니, 유년시절 무한한 상상력을 키울 수 있게 해준 고향마을이 떠오른다. 온화한 숲의 체온으로 나에게 안식처가 되어주었던 봉덕산, 다정한 어머니의 넓은 사랑, 소꿉친구들과 즐겁게 뛰어놀던 오솔길의 진한 흙내음도 떠오른다.

아마도 우리가 행복을 맞이하는 순간은 이렇게 즐거웠던 기억들을 회상하는 때가 아닐까. 어린 시절의 나는 어머니가 들려주시던

옛날이야기와 함께 잠들곤 했다. 어머니가 나에게 그랬던 것처럼 이제 나는 이제까지 살면서 깨달은 몇 가지 이야기를 그대에게 들려주고자 한다. 부족한 글 솜씨로 적어가는 나의 이야기들은 치열하고 절실했던 순간을 극복하여 얻게 된 열매로, 그러한 과정이 있었기에 지금 이 자리에 있을 수 있었다.

  인생에 있어서 행복이란, 현재의 내 모습을 사랑하는 것이 아닐까? 있는 그대로의 자기를 사랑하고 감사하는 것, 그것이 바로 행복해지기 위한 최소한의 마음자세일 것이다. 어떤 고난과 시련에도 흔들리지 말고 자신의 가치를 믿어라. 그리고 그 최소한의 믿음이 행복해지기 위한 첫번째 요소임을 명심하라.

  어느 자작나무 빼곡한 숲 너머에 웅장한 성이 있었다. 많은 사람들은 붉은 넝쿨장미로 감싸인 성 안으로 들어가기 위해 성벽을 기어오르고 있었다. 왜냐하면 성 안에는 금은보화도 있고, 고통 없이 행복하게 살 수 있는 비결이 담긴 책이 있다는 소문이 파다했기 때문이다. 사람들은 그 책만 손에 넣으면 힘들게 노력하지 않고도 행복한 인생을 살 수 있을 거라고 믿었다. 수천 킬로미터가 넘는 곳에서 온 어떤 이는 사다리를 타고 넘었고, 어떤 노신사는 최고급 경비행기를 타고 성벽을 가로질러 가기도 했다.

  "이 성에 그렇게 대단한 책이 있다던데 사실인가요?"

  서른 살쯤 되어 보이는 한 여인이 옆에 있는 남자에게 물었다. 그는 사다리를 붙잡고 막 올라가려던 차였다.

"글쎄요. 그러니까 다들 필사적으로 넘어가려고 하겠죠. 저도 잘 모르지만 남들이 다 넘어가려고 하는데 가만히 있을 순 없지 않겠어요? 아가씨도 어서 서둘러요. 부와 명예와 행복을 거머쥘 수 있는 기회니까요."

젊은 사내는 귀찮다는 표정으로 성큼성큼 사다리를 올라갔다. 금세 그는 성벽의 절반까지 올랐다.

성문을 두드리거나 열어달라고 부탁하는 사람은 아무도 없었다. 성의 주인은 괴팍하고 탐욕스런 노인일 거라 단정하고, 성문이 순순히 열리지 않을 거라고 믿었다. 성의 주인은 이미 오래전에 빗장을 벗겨놓았지만 사람들은 문을 열려는 생각은 않고 기어이 벽을 넘어가려고 발버둥치는 것이다. 물론 벽을 넘어간 이들은 아무것도 찾을 수 없었다. 공허하게 이리저리 헤매다가 하나 둘 지쳐 쓰러지고 말았다.

이 이야기에서 성의 주인은 자기 마음속에 있는 또 다른 자아이다. 자신이 주인임을 깨닫지 못한 사람들은 어리석게도 다른 곳에서 행복을 찾으려 한다. 행복한 인생을 원한다면 존재하지도 않는 비법을 찾으려 노력할 것이 아니라 자기 자신을 정확하게 바라보아야 한다.

사람들은 때때로 자신이 이 세상에서 가장 소중한 사람이라는 명확하고도 중요한 사실을 망각하곤 한다. 소중한 자신을 함부로 대하고 존중하지 않으면서 남들에게는 존중받기를 바란다. 또 어떤 이는 타인에게는 한없이 너그럽고 친절하게 대하면서 정작 자신에게는 엄격하게 몰아붙이곤 한다.

이 얼마나 모순적인 바람인가. 지금 이 시간에도 많은 사람들은 행복이란 보물을 찾기 위해 세상의 가파른 절벽을 혼신의 힘을 다해 기어오르고 있는 것이다.

깊은 절망의 수렁에 빠진 것처럼 우울하거나 슬플 때, 어떤 희망의 불빛도 보이지 않을 때, 차라리 강물에 몸을 던져버리고 싶어질 때, 그 순간 우리는 자신에 대하여 차분히 사색하는 시간을 가져야 한다. 최악의 상황에서도 믿음직한 용기를 줄 수 있는 사람은 바로 자기 자신이기 때문이다. 혼란과 공포로부터 마음을 구하기 위해서는 그대의 냉철한 이성을 발휘해야 할 것이다.

그대는 지금 이 순간 살아 있다는 사실만으로도 값을 매길 수 없을 만큼 가치 있는 존재이며, 그 어떤 보석보다 영롱하게 빛나는 영혼을 지니고 있다. 그대는 행복해지기에 이미 충분하다. 그러므로 그대 삶 앞에서 어떤 것도 두려워하지 말고 조바심치지 말고 마음속 깊이 간직한 소중한 꿈을 향해서 힘차게 발걸음을 내딛어라. 그대는 향기로운 장미넝쿨이 우거진 아름다운 성의 주인이다.

살아 있음에
감사하라,
살아 있음을
증명하라

이따금 나는 심장의 힘찬 박동을 느낄 때마다 새삼 놀라곤 한다. 따뜻한 피가 온 몸을 흐르고 있다는 사실로부터 '생명'의 경이를 느끼게 되기 때문이다. 그것은 이 세상에 살아 있음을 자각하는 그 순간 세상의 모든 기쁨들이 몰려드는 듯한 환희이기도 하다.

어쩌면 그러한 기쁨은 인간의 생명이 유한하기 때문에 느끼는 감정일 수 있다. 살아 있는 모든 생명체들은 어떤 지점에 이르러서는 소멸하게 되어 있다. 이것은 분명히 예정된 운명이며, 이 사실을 모르는 사람은 없다. 언젠가는 반드시 세상을 떠나게 된다는 사실은 우리들로 하여금 아름답고 가치 있게 살도록 하는 동기가 된다.

그런데 바쁘고 힘든 일상에 휩쓸려 살아가다 보면 살아 있음의 소중함을 잊게 된다. 감사는커녕 삶에 대한 환멸과 타인에 대한 분노에 시간을 낭비한다. 그러한 예는 우리 주변에 셀 수 없이 많다. 어려운 형편에 힘들게 등록금 벌어가며 대학 공부를 마쳤는데 취업하지 못한 사람도 있고, 가족보다 더 믿고 지내던 친구에게 사기를 당해 가산을 탕진한 사람도 있다. 반면 비도덕적이고 비양심적인 사람이 큰 부자가 되거나 사회 지도층 인사가 되는 경우도 있다. 노력한 만큼 정당한 대가를 받을 수 없는 상황에 맞닥뜨리면 누구나 피가 거꾸로 솟는 듯한 분노가 치밀고 상대적 박탈감을 느끼지 않을 수 없다. 심해지면 우울증에 빠져 삶 자체에 대한 염증을 느끼게 되기도 한다.

이처럼 우리 사회에는 가슴 깊이 한을 품고 사는 사람이 많다. 특히 서른 전후의 시기에는 그러한 불평등한 일들을 많이 겪게 된다. 30대는 본격적으로 사회생활을 하는 시기로, 대개 자신이 쌓은 역량을 세상으로부터 인정받고자 하는 시기이기 때문이다. 그러나 세상은 그리 호락호락하지 않다. 기존의 해묵은 관행에 묶이거나 선배들의 견제와 야심찬 후배들에게 쫓기다 보면 늘 불안과 피곤 속에 살아가야 한다.

그대 역시 마음속에 부글부글 끓고 있는 분노의 마그마를 품고 있지는 않은가? 그렇다면 감사하는 마음이 생기지 않는 게 어쩌면 당연한 일이다. 그렇지만 주위의 모든 환경이 완벽해야만 만족할 수 있는 것은 아니다. 모든 것을 갖추고 사는 사람은 이 세상에 단

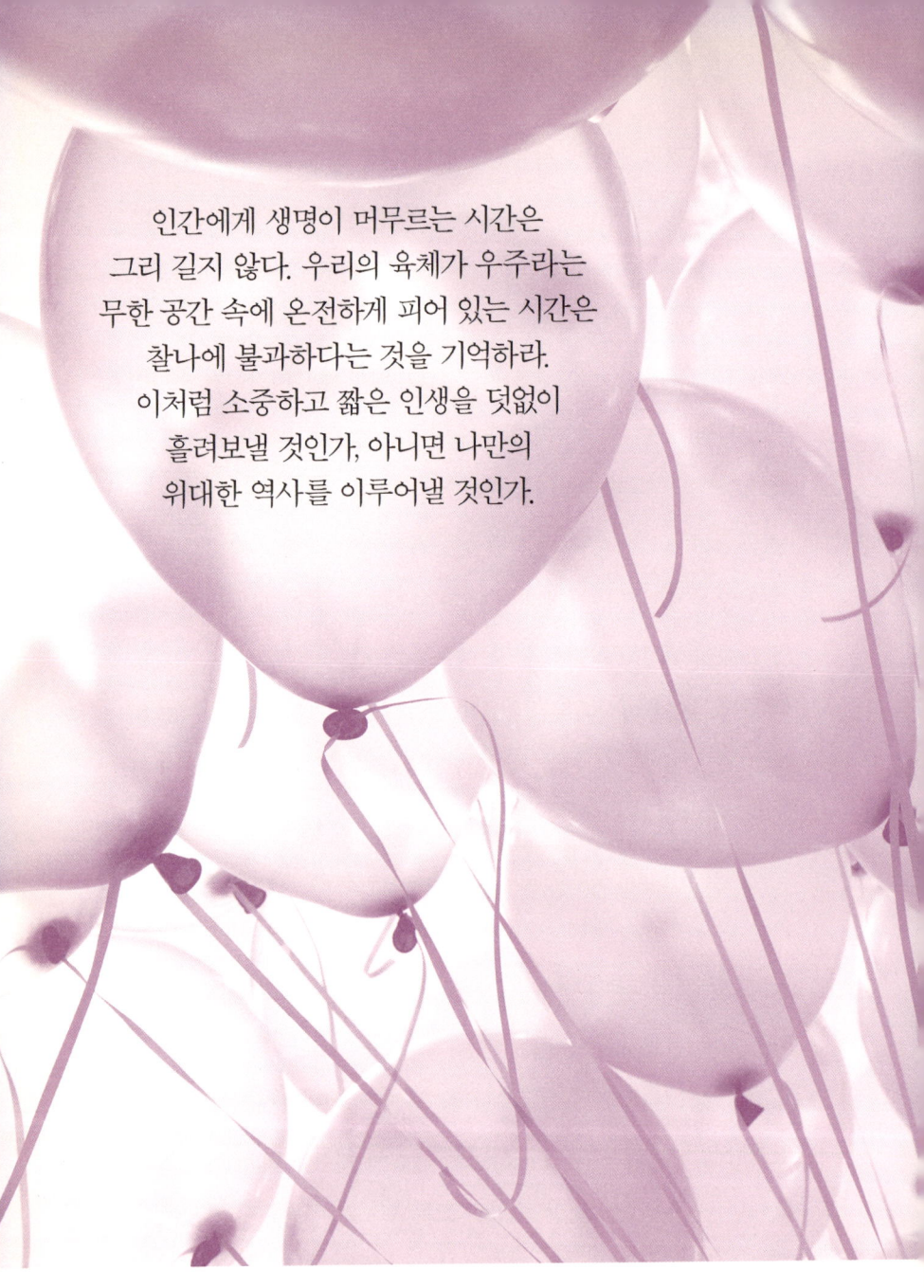

인간에게 생명이 머무르는 시간은
그리 길지 않다. 우리의 육체가 우주라는
무한 공간 속에 온전하게 피어 있는 시간은
찰나에 불과하다는 것을 기억하라.
이처럼 소중하고 짧은 인생을 덧없이
흘려보낼 것인가, 아니면 나만의
위대한 역사를 이루어낼 것인가.

한 명도 없다. 아무리 가진 것이 많아도 더 많은 재산을 소유한 사람을 보면 질투심이 생겨나고 자신의 처지가 초라해 보이기 마련이다. 그건 본능에 가까운 자연스러운 감정이다.

예를 들어 어떤 사람이 사람들의 존경과 사랑을 한 몸에 받고 단란한 가정을 이루어 넉넉하게 살고 있으면서 자신은 행복하지 않다고 말한다면, 사람들은 "당신처럼 모든 것을 다 가진 사람이 행복하지 않다고? 배부른 소리!" 하고 비난할 것이다.

그렇지만 그가 자신의 삶에 대해 감사함을 느끼지 못한다면, 더욱이 살아 있음의 소중함을 느끼지 못한다면 그는 자신의 말처럼 진짜 불행한 사람일 수 있다. 나의 경우 매순간마다 살아 있음에 대한 감사를 느낀다. 그 감사함은 주어진 조건과 환경에 구애받지 않는다. 그러나 이러한 마음은 우연히 생겨난 것이 아니라 혹독한 시련의 대가로 얻은 것이다.

살아 있다는 건 우리에게 생명이 머무르고 있다는 결정적 증거이다. 살아 있는 이 순간을 즐겁게 보내라. 꽃의 아름다움은 향기롭게 피어 있을 때가 절정인 것처럼 활기차게 삶을 사는 순간이 인생의 절정인 것이다.

인간에게 생명이 머무르는 시간은 그리 길지 않다. 우리의 육체가 우주라는 무한 공간 속에 온전하게 피어 있는 시간은 찰나에 불과하다는 것을 기억하라. 이처럼 소중하고 짧은 인생을 덧없이 흘려보낼 것인가, 아니면 나만의 위대한 역사를 이루어낼 것인가.

지금 이 순간, 맑은 공기를 마실 수 있다는 사실이 얼마나 고마운지 느껴보라. 책을 읽을 수 있는 시간과 건강한 두 눈에 대해서도 감사해 보라. 살아 있음이 가슴 벅찬 감동으로 다가올 때 인생에 대하여 더 깊이 이해하고 보다 많은 것들을 너그러이 용납할 수 있게 될 것이다.

남의 결점보다
—
장점을
—
먼저 보는 것이
—
지혜다

"현수는 얼굴은 호감 형인데 키가 좀 작다."
"민수는 키는 크고 훤칠한데 얼굴이 너무 못생겼다."
"달수는 외모는 출중하지만 말솜씨가 형편없다."
 이렇듯 우리는 누군가에 대해 평가할 때 한 가지 이상의 결점을 발견하곤 한다. 일부러 나쁜 점을 찾아내려고 한 게 아니어도 그러한 판단을 하게 된다. 처음에는 좋은 점만 보이던 사람도 자꾸 만나게 되면 이상하게도 단점이 하나 둘 눈에 띄는 것이다. 이처럼 인간관계가 깊어질수록 상대방의 단점은 아주 잘 보이는 대신 장점은 바위 밑에 감춰둔 보물처럼 잘 눈에 띄질 않는다.
 사람은 누구나 인간적 결점을 지니고 있다. 나의 경우도 예외가 아니어서, 지나치게 자존심이 강하다는 것과 가끔 겸손하지 못하다는 지적을 주위사람들에게 받곤 한다. 모든 인간은 완벽한 존재가 될 수 없다. 인간은 신이 아니므로 완전무결하다는 것 자체가 불가능하다. 이 사실을 잘 알고 있으면서도 우리는 생활 속에서 많은 실수를 저지른다. 예를 들어 상대가 지닌 열 가지의 장점을 보지 못하고 단 한 개의 결점을 찾아내어 비난하는 것은 어리석은 짓이다. 스스로 불완전한 존재이면서 타인에 대해 공정하게 평가할 수는 없는 것이다.

친구에게서 이전에 미처 알아채지 못했던 결점을 확인하게 되어 실망한 적이 있는가? '저 친구는 이런 습관만 고치면 다 좋은데'라고 생각하거나, '저런 면이 있었네. 다시는 가까이 하지 말아야겠어'라고 생각한 적은 없는가? 그래서 오랫동안 허물없이 지내왔던 사람을 기피하지는 않았는가?

부분의 현상만을 보고 전체의 본질로 치부해 버리는 실수를 범해선 안 된다. 작은 결점을 근거로 대상 자체를 부정적으로 판단하는 것은 보이지 않는 폭력이다. 물리적인 폭력만큼 큰 상처를 주기 때문이다. 따라서 존재에 대한 경외심을 배제한 채 상대의 장점보다 단점을 부각하여 뒤에서 손가락질하는 일은 더 큰 폭력일 것이다.

누구에게나 감추고 싶은 치명적인 결점이 있다. 모든 인간이 죽음 앞에 평등한 것처럼 모든 사람들은 저마다 결점을 지니고 살아간다. 이러한 생각을 깨닫게 된다면 그대는 어떤 타인에 대해서도 사랑의 마음으로 수용할 수 있게 될 것이다. 그럼에도 불구하고 절대 이해할 수 없는 결점을 발견했다면, 그 사람이 지닌 또 다른 장점들을 찾아보자. 그래서 그가 더 나은 사람이 될 수 있는 가능성을 가지고 있음을 상기시켜 주도록 해라.

"너는 내가 신뢰할 수 있는 몇 안 되는 사람 중 한 명이야."

"네 꿈을 실현할 수 있으리라 믿어. 너에겐 가능성이 있어. 몇몇 사소한 결점을 덮어버리고도 남을 만큼 많은 장점을 지닌 사람이니까."

타인의 결점을 따뜻하게 포용해라. 그대의 넓고 포근한 가슴으로 끌어안아라. 그대의 마음은 그대가 아는 것보다 훨씬 따뜻하다. 그대는 타인의 작은 단점보다 장점을 볼 줄 아는 지혜로운 사람이다.

있는 그대로의 모습을 열린 가슴으로 받아들이는 일은 생각보다 어려운 일이다. 더욱이 남의 결점마저도 이해하고 포용하기 위해서는 늘 스스로 인성 수련을 해야 한다. 그 수련의 시작은 '그의 모든 결점들에도 불구하고 변함없이 사랑할 수 있겠는가' 하는 질문에 스스로 답해 보는 것으로부터 시작될 것이다.

최고의 순간은
바로 지금이다

지나온 삶이 길든 짧든, 고생스러웠든 유복했든, 외모가 잘났든 못났든, 재산이 많든 적든 간에 우리 모두에게 공통된 사실이 있다. 우리는 현재를 살아가고 있다는 사실이다. 이 사실은 오늘에 충실하지 않은 삶은 무의미하다는 뜻으로 연결된다.

  누군가 어제의 그늘에 살고 있거나 내일의 허상 속에 빠져 있다면 그는 진정한 인생을 살고 있다고 할 수 없다. 현재가 아닌 과거나 미래를 살아가는 사람은 '정신 나간 사람'처럼 영혼이 없는 삶을 살아가는 것이다.

  누구나 괴롭고 고통스러운 과거를 지니고 있다. 헤어진 연인을 그리워하며 숱한 밤을 지새본 사람도 있을 것이고, 번창하던 사업이 하루아침에 파산되어 절망의 나락에 떨어져본 사람도 있을 것이다. 그뿐이겠는가. 불안한 미래에 대한 걱정으로 하루하루 초조하게 살아가는 사람도 많다. 실제로 청년 실업자들은 생활고와 함께 우울증에 시달리고, 현대인들은 경제 위기와 불안한 국내 경제 지표를 바라보며 나락으로 떨어지지 않을까 하는 스트레스에 시달린다.

그러나 지나간 아픔으로부터 벗어나지 못하거나 아직 닥치지 않은 문제에 얽매여 '오늘'이라는 귀중한 시간을 값있게 쓰지 못하는 건 어리석은 짓이다. 그대가 살고 있는 시간은 지금 현재임을 기억하라. 어제 그대가 누군가와 심하게 싸웠다 해도 그건 지나간 과거일 뿐이다. 며칠 뒤면 회사를 떠나 백수가 된다 해도 아직 벌어지지 않는 미래의 일이다.

우리가 자유로운 자아를 만끽할 수 있는 순간은 오직 지금 이 순간뿐이다. 그러므로 그대에게 가장 소중한 시간은 어제의 화려했던 기억도 아니고 예측할 수 없는 내일도 아닌, 바로 오늘이다. 마음의 중심축을 오늘에 굳건히 두어라. 하고자 하는 일이 있는가? 오늘은 그 일을 실행하기에 가장 적합한 날이다. 만나고 싶은 사람이 있는가? 바로 오늘이 그에게 자신의 마음을 표현하기 가장 좋은 날이다.

10년 전에 싸운 친구와 아직 화해하지 못한 채 서먹서먹하게 지낸다면 그대는 아직도 10년 전의 과거 속에 갇혀 지내고 있는 것

오늘! 얼마나 반갑고 신선하고 어여쁜 낱말인가.
오늘의 맑은 공기를 들이마시고,
오늘의 새로운 만남을 맞이하고,
오늘의 사건을 통과하는 것,
오늘을 사는 그대만이 진짜 인생을 누리는 것이다.

이다. 몸은 현실에 존재하지만 정신은 10년 전에 정지된 상황이다. 몸과 정신이 이렇듯 분리되어 있다면 행복하고자 해도 행복할 수가 없다.

오늘이라는 시간을 온전히 자기 것으로 쓸 수 있는 사람은 몸과 정신이 이미 행복한 사람이다. 세상은 오늘이라는 땅에 단단히 뿌리 내리려 하는 당신을 통째로 흔들어댈 것이다. 그러나 거센 바람이 불어도 흔들리지 않는 푸른 소나무처럼 오늘이라는 대지 위에 영혼의 뿌리를 내리고 스스로를 굳게 지켜라. 하루하루 충실히 삶으로써 중심을 지킨다면 맥없이 흔들리거나 쓰러지지 않을 것이다.

오늘! 얼마나 반갑고 신선하고 어여쁜 낱말인가. 오늘의 맑은 공기를 들이마시고, 오늘의 새로운 만남을 맞이하고, 오늘의 사건을 통과하는 것, 오늘을 사는 그대만이 진짜 인생을 누리는 것이다.

즐거운 몰입만이
그대의 삶을
바꿀 수 있다

 늦은 가을날 아침, 길에는 켜켜이 쌓인 은행잎들로 발 디딜 틈이 없다. 환경 미화원이 수북한 은행잎들을 쓸어내고 있다. 그는 행복한 듯 이렇게 말한다.
 "정말 아름다운 빛깔이야. 맑은 아침에 이렇듯 황홀하고 고운 풍경을 선물하는 가을이 왔군. 사계절을 맘껏 느낄 수 있는 나의 직업에 만족해."
 좀 떨어진 곳에서는 다른 환경 미화원이 낙엽들을 비닐봉지에 쓸어담으면서 화를 내고 있다.
 "이런 빌어먹을 은행잎들 같으니라고! 오늘따라 많이도 떨어져 있네. 당장 그만두고 싶지만 먹고 살아야 하니 관둘 수도 없고. 오늘 밤 술이나 실컷 마시면서 스트레스를 풀어야지."

이 두 청소부의 현실은 공평하다. 수북이 쌓인 은행잎들을 빗자루로 쓸어내는 것이다. 그런데 한 사람은 자신의 일을 즐거운 마음으로 하는 반면 다른 한 사람은 일에 대한 애정이 없다. 오히려 현실을 부정하는 마음으로 저녁에 술을 마시겠다는 생각뿐이다.

누가 더 행복할까? 똑같은 조건이 주어졌음에도 불구하고 각각 다른 태도를 보이는 이 두 사람을 통해 우리는 어떻게 살아야 할까 하는 성찰을 해볼 수 있다. 모든 사람은 각자 자기만의 방식과 태도로 일을 하게 마련이다. 그러나 행복이라는 목적 앞에서 긍정적인 태도와 부정적인 태도는 분명히 다른 결과를 가져온다.

맛있는 과자와 맛없는 과자가 식탁 위에 놓여 있다고 할 때, 일반적으로 사람들은 맛있는 과자를 선택할 것이다. 그런데 왜 우리들은 자기가 맡은 일을 할 때 인생에서 가장 맛있는 감정을 선택하지 않으려 할까? 즐거운 마음가짐으로 자신의 일에 몰입한다면 어떤 일을 하더라도 행복을 느낄 수 있는 것이다.

그대가 오늘 해야 하는 일은 무엇인가? 정말 하고 싶었던 일이라면 그 일을 하루 종일 해도 지루하지 않고, 오히려 새로운 일거리를 만들어내려고 할 것이다. 하지만 하기 싫은 일을 떠맡아 어쩔 수 없이 처리해야 하는 상황이라면? 두 가지 중 하나를 선택할 수밖에 없다. 하나는 억지로 참고 일하는 것, 다른 하나는 긍정적인 생각으로 즐겁게 일하는 것이다. 짜증과 불만을 쏟아내며 자신의 처지를 비관하기보다는 어차피 해야 할 일이니 즐겁게 하는 것이 낫다는 사실을 우리는 잘 알고 있다. 그러나 실제로 그렇게 행동하기는 쉽지 않다. 그대는 물론 즐겁게 일하는 쪽을 선택했다고 믿겠지만, 실제로 얼굴에 나타난 표정은 침울하고 마음속엔 불만이 가득하기 때문이다.

한순간에 생각을 바꾸기란 어려운 일이다. 우선 자신의 고정관념은 무엇인지, 습관이 되어버린 사고방식은 무엇인지부터 점검해야 한다. 이때 주의할 것은 '귀찮고 힘든 일을 하는 것은 불행하다'라는 고정관념이다. 자신이 이루고 싶은 꿈을 위해서는 반드시 극복하기 어려운 과정이 뒤따르게 마련이다. 쉽고 편한 길을 가는 것은 안락하긴 하지만 보람이나 깨달음을 주지 않는다. 깨달음이 없는 삶은 행복해질 수 없다.

당장 오늘부터 자신의 고정관념을 깨는 데 도전해 보라. 아주 사소한 것부터 하나하나 확인하고 차근차근 바꿔 나간다면 훗날 힘겨운 상황에 부딪히더라도 여유로운 자세를 잃지 않을 것이다.

불만이 많았던 환경 미화원을 살펴보자. 그는 다행히도 자신이 왜 이렇게 화가 나 있는지 곰곰이 생각해 보고 마음을 바꾸었다. 지금 은행잎을 쓸고 싶지 않다 해도 그럴 수 없는 처지임을 확인했고, 그래서 마음이 즐겁지 않다는 사실도 확인했다. 그는 흙먼지가 묻은 빗자루를 깨끗이 털어내면서 스스로에게 다짐했다.

"그래, 어차피 해야 하는 일이라면 즐겁게 해보자."

그러자 우선 짜증스럽기 짝이 없던 은행잎들에 대한 원망이 사라졌다. 오히려 향긋한 은행잎의 향기가 느껴지기 시작하더니 숨을 깊이 들이마실 때마다 폐가 정화되는 듯한 기분이었다. 땀을 흘리며 노동하는 즐거움과 길이 깨끗해지는 보람을 느끼며 그는 조금씩 자신의 일에 몰입하고 있었다.

고민에게
말하라,
"꺼져버려!"

한동안 '고민'은 나의 생활이자 취미였다. 그것은 나의 고통스러운 동반자였고 가장 신뢰하는 친구였다. 어떤 상황을 맞이할 때마다 나는 수없이 많은 방법들을 생각했고, 결정해 놓고도 번복하여 다시 처음부터 꼼꼼히 분석하곤 했다. 때로는 지나치게 고민하여 부정적인 결론을 끌어안고 무력감과 좌절감에 빠져 허우적거리기도 했다.

 어떤 문제가 발생했을 때 고민하지 않는 것보다는 낫지만 너무 열심히 끈질기게 붙잡고 있는 것은 결코 명쾌한 해결로 이어지지 않는다. 과유불급(過猶不及)이라 하지 않던가. 어떤 생각을 끈기 있게 지속해 나가는 것이 지혜로운 방식이라고 믿어왔던 나의 믿음이 어리석은 것이었음을 최근에 깨달았다.

  지금 혼자만 간직해 온 말 못할 고민이 있는가? 더 이상 고민할 필요가 없다. 사랑하면 할수록 죽음으로 잡아끄는 나르시스 앞의 강물과 같이, 고민이란 그대의 영혼을 소리 없이 갉아먹는 악마의 감미로운 유혹이다. 또한 고민은 현재의 삶을 이탈하여 혼란과 불안의 세계를 서성거리게 할 뿐이다.

  어떤 문제가 생겼다면, 그 상황에 대해 객관적으로 인지하여 앞으로 야기될 만한 최악의 결과를 예측해 보라. 그 최악의 결과가 발생한다고 해도 얼마든지 감당할 자신이 있다는 자신감을 가져보라. 그 다음에 고민거리를 자유롭게 마음속 호수 위에 풀어보아라. 물결 위에 떠 있는 한 잎의 나뭇잎이 바람에 따라 자연스럽게 떠내려가도록. 자신에게 내재되어 있는 참지혜가 고민의 원인과 해답을 찾아줄 것이다. 그렇게 될 때까지 초조함을 버리고 다만 지켜볼 줄 아는 인내가 필요하다.

  사랑하는 남녀 사이에도 한쪽의 애정이 지나치면 그 사랑은 오래가지 못하는 법이다. 고민이라는 것에 대해서도 일정한 거리를 둘 필요가 있다. 지나치게 고민에 몰입하지 않도록 경계하라. 그것은 비관의 세계에 빠져드는 지름길일 뿐이다. 자기의 소중한 시간을 우울한 고민으로 소비할 것인가? 스스로 헤쳐나갈 수 있다고 믿고 기다릴 것인가? 우리는 언제든 현명한 선택을 할 수 있다.

  신기하게도 고민을 많이 하면 얼굴에 분명한 흔적이 나타난다.

아무리 예쁘고 잘생긴 사람이라 해도 고민이 많은 사람은 미간에 주름살이 생기고 눈빛도 어두워져 음울한 인상을 준다. 진정 아름다운 사람은 눈, 코, 입의 생김새보다 얼굴 전체에 생기가 넘치는 사람이다. 진정 잘생긴 사람은 성형외과나 피부과의 도움을 받은 사람이 아니라 내면에 어두운 그림자를 만들지 않는 사람이다.

 동안(童顔)을 갖고 싶은가? 그렇다면 무거운 고민부터 벗어던져야 한다. 그것이 얼굴뿐만 아니라 영혼까지도 젊어지는 최고의 회춘요법이다. 자신을 나약하게 만드는 걱정거리들이 떠오르거든 이제 용기 있게 "꺼져버려!" 하고 외쳐라.

어떤 문제가 생겼다면,
그 상황에 대해 객관적으로 인지하여
앞으로 야기될 만한 최악의 결과를
예측해 보라.

진정한 자유는
증오와 원망을
내려놓는 것

신데렐라, 백설 공주, 콩쥐는 착하고 고운 소녀라는 공통점이 있다. 이 주인공들의 또 다른 공통점이 있는데, 그것은 바로 그들을 괴롭히는 존재가 있다는 것이다. 이들은 이유 없이 죄책감도 없이 주인공들을 구박하거나 위험에 빠뜨린다.

혹시 그대의 주변에도 그대를 특별히 미워하거나 적대적으로 대하거나 무시하는 사람이 있는가? 평소 상대에게 실수한 적도 없고 반감을 일으킬 만한 행동을 하지 않았는데 이러한 대접을 받는다면 제 아무리 천사 같은 사람이라도 화가 날 수밖에 없다.

'저 사람은 무슨 까닭으로 나한테 이러는 걸까?'

처음에는 이렇게 의아해하다가 조금 더 시간이 지나면 그대 역시 그를 멀리하게 되고 미워하게 될 것이다. 대체로 어떤 결과에는 반드시 그 원인이 있기 마련이지만, 때로는 이런 인과관계로부터 벗어나기도 한다. 이유 없이 사람을 괴롭히는 행동은 그 대표적인 경우에 해당한다. 이때 괴롭히는 사람은 죄책감도 없고, 자신의 잘못을 반성하기는커녕 느끼지도 못한다. 이들 중에는 사회생활도 정상적이고 남들에게도 친절하게 대하면서 유독 한 사람만을 집중적으로 괴롭히는 자도 있다.

자신의 불안정한 내면을 가학적인 방식으로 표출하는 이들에 대해 우리는 어떻게 대처해야 할까? 가장 현명한 방법은 그들의 잘못을 지적하거나 고쳐주려 하지 않는 것이다. 오히려 나의 마음을 잔잔한 호수와 같이 안정시켜 상대를 무시해 버리는 것이 가장 우아하고 품위 있는 복수이다. 그들을 이해할 수 없다면 애써 노력할 필요가 없다. 상대가 무슨 이유로 괴롭히는지를 밝히지 않는다면 굳이 이유가 무엇인지, 어떻게 해결해야 할지 고민할 필요도 없다. 다만 상대에 대해 미움이나 원망을 키우지 않도록 인내하면서 관심의 영역 밖에 두어야 한다.

사실 자신을 괴롭히는 상대에 대해 무관심하기는 어려운 일이다. 극도의 인내심과 자제력이 요구되는 일이겠지만, 그러한 노력은 그들을 위해서나 자기 자신을 위해서 중요한 일이다. 스스로 평화로운 마음을 유지할 수 있어야만 분노와 적개심 또는 우울함으로부터 자신을 보호할 수 있기 때문이다. 어쩌면 그대의 무관심한 태도는 가장 훌륭한 '용서'의 방법이 될 수 있다.

서른이 되기까지 어떻게 살아왔는지 과거에 연연하지 말라. 지나온 세월에 얽매어서 스스로 자신의 한계를 짓거나 벽을 세울 필요도 없다. 지금 서른 살의 그대는 개인적으로 사회적으로 충분히 성숙한 사람이다. 자신을 위해 그리고 그대를 미워하는 타인을 위한 가장 큰 선물은 마음의 평정으로써 용서하는 것이다.

나의 경우, 뚜렷한 이유도 없이 괴롭히는 어떤 사람으로부터 자유로워지는 데 3년이란 시간이 걸렸다. 혼란과 당혹 속에서 어떻게 대응할지 결정하는 데 오랜 시간이 걸렸던 것이다. 그때가 서른 즈음이었다. 찬란하리만큼 고단했던 내 서른 살의 고투 속에서 인내와 끈기라는 힘을 얻었다. 또한 책 속 현명한 스승들의 도움으로 타인을 용서할 수 있는 힘을 얻었다.

그러한 과정을 이미 거친 입장에서 그대에게 들려주고 싶은 말은 '용서'이다. 자신을 괴롭혀 온 상대를 무조건 용서할 수는 없지만 그것만이 가장 지혜로운 길이다. 상대의 괴롭힘에 일일이 반응하고 고민하지 않는 것, 상대가 지쳐버릴 때까지 냉정한 마음으로 내버려둘 것, 그것이 유일한 복수이자 용서가 될 것이다.

그리고 아무런 보상이나 대가도 기대해선 안 된다. 그가 언젠가는 반성하기를, 언젠가는 그 죄에 대한 벌을 받기를 바라지 말고 그대가 자유로워진 것만으로 털어버려야 한다. 그러면 된다. 그로써 그대의 마음은 잔잔한 밤바다처럼 평온해질 수 있다.

서른이 되기까지 어떻게 살아왔는지
과거에 연연하지 말라.
지나온 세월에 얽매어서
스스로 자신의 한계를 짓거나 벽을 세울 필요도 없다.

입장을 바꾸어 생각해 보자. 그대가 누군가에게 상처를 주었던 일을 상대가 평생 잊지 않고 증오를 품고 있다면 그 얼마나 무서운 일인가. 상처를 준 사람이나 받은 사람에게 이보다 더한 고통은 없을 것이다. 상대가 사이코패스일 수도 있고 자기분열에 시달리는 가여운 사람일 수도 있다. 사랑의 치료가 필요한 그들에게 일일이 대응하거나 분노할 필요는 없는 것이다.

그대는 누구로부터 어떤 상처를 받았는가. 그를 아직도 원망하고 증오하는가. 그 마음을 털어내지 못하는 한 상처는 지속될 것이다. 일단 그를 향해 웃어주는 연습을 해보자. 이것은 그에 대한 미움과 복수심을 조금씩 내려놓음으로써 평화로운 일상을 되찾을 수 있게 될 것이다.

자기만의
수호신을
창조하자

세상에는 과학적으로는 도저히 규명할 수 없는 초자연적 현상들이 헤아릴 수 없을 만큼 일어나고 있다. 미국 루이지애나 주 칼카슈 호수에서는 인형처럼 예쁜 분홍돌고래가 발견되었고, 어느 나라에서는 닭이 녹색 알을 낳는가 하면, 나무가 돌이 되어버리는 놀라운 일이 벌어지기도 한다.

우리의 일상생활에서도 그러한 놀라운 일이 벌어지고 있다. 그대는 자동차와 부딪힐 뻔한 위기일발의 순간에서 생명을 지킨 적이 있는가? 어둡고 컴컴한 골목길을 지나갈 때 누군가 동행해 주는 듯한 느낌을 받은 적이 있는가? 아무도 성공할 수 없을 거라고 한 일을 단번에 이루어낸 적이 있는가?

그런 경험을 가지고 있다면 그 순간 그대 곁에는 수호신이 함께 했던 것이다. 장미를 보호하고 지켜준 어린왕자와도 같은 든든한 존재, 나의 일거수일투족을 지켜보며 보호해 주는 존재를 그대는 믿고 있는가? 믿지 않는다면 위와 같은 일들은 단지 우연히 발생한 일일 뿐이다. 그러나 세상에는 인간의 눈에 보이지 않는 미지의 세계가 있다.

이 세상에 태어나기 전 인간은 어떤 존재였을까 상상해 본다. 아마도 한없이 자유로운 우주 속의 한 존재였을 것이다. 슬픔도 느끼지 않고 시기와 질투도 하지 않으며 그 어떤 고통도 겪지 않은 존재, 오염되지 않은 순수 그 자체였을 것이다. 그러다가 어머니의 자궁에 잉태되어 인간의 몸으로 세상에 태어난 순간부터 우리는 삶의 고통과 고독을 느끼기 시작했을 것이다.

그러한 인간에게 조물주는 고난을 이겨낼 수 있도록 수호신을 내려준 것이 아닐까. 우리가 아파할 때 가장 먼저 위로해 주고, 행복할 때 가장 먼저 웃어주고, 혼자가 되어도 끝까지 곁을 지켜주는 존재를 내려주었을 것이다.

그대가 수호신을 믿지 않는다면 존재하지 않는 것이다. 단지 동화나 상상 속에만 존재하는 것일 수도 있다. 그러나 수호신이 있음을 믿는다면 그대는 삶의 애환들을 두려워하거나 좌절하지 않을 것이다. 면접시험에 99번 떨어졌어도 100번째에 도전할 수 있을 것이며, 고소공포증을 극복하고 번지점프에 도전할 수 있을 것이다.

자기만의 수호신을 만들어보는 것은 어떨까? 그대 안에 숨어 있는 가장 용맹하고 강인하며 자신감 넘치는 존재를 만들어 그에게 역할을 맡겨라. 새롭게 태어난 이 가상의 존재는 그대의 두려움을 물리쳐줄 것이며, 그대가 위기에 처했을 때 지혜를 발휘하도록 힘을 줄 것이다. 그대의 또 다른 자아는 영리하고 착하고 힘도 세기 때문에 늘 그대를 지켜줄 것이다.

불행한 이웃에게
동정 아닌
연민을

땅 위에 굳게 서 있거나 달릴 수 있는 튼튼한 두 다리, 푸른 하늘과 구름과 꽃들을 느끼게 해주는 맑은 눈, 심금을 울리는 음악을 가슴에 전해 주는 고마운 두 귀. 이것이 얼마나 큰 축복인지 혹시 잊고 살지 않았는가? 그대는 이러한 삶의 풍요를 누리게 하는 육체를 지니고 있다. 아무리 큰 슬픔과 고통이 찾아와도 그대에게 건강한 육체가 있음을 기억하라. 고통의 시간이 지나간 뒤에 행복을 느끼려면 그대의 튼튼한 육체가 필요할 테니까 말이다.

 우리는 뜻하지 않은 불의의 사고로 팔이나 다리를 잃을 수도 있고, 앞을 전혀 볼 수 없게 될 수도 있고, 아무 소리도 들을 수 없게 될 수 있다. 늘 건강하던 사람이 어느 날 갑자기 중병에 걸려 죽을 때까지 자리보전하게 될 수도 있고, 남부럽지 않게 살던 사람이 한순간의 선택으로 거리의 인생을 살게 될 수도 있다. 불행은 예고 없이 불쑥 찾아오기 때문이다.

얼마 전 나는 지하도에서 두 명의 걸인을 보았다. 지하도를 내려갈 때 만난 사람은 70대로 보이는 나이 지긋한 할머니였고, 지하도를 올라갈 때 만난 또 다른 사람은 다리 없는 중년의 남자였다. 할머니의 머리는 동네 새들이 놀고 간 듯 산발이었고 계단을 향한 시선은 공허하게 뭉개져 있었다. 그녀 앞에 덩그러니 놓인 플라스틱 바구니에는 백 원짜리 몇 개가 쓸쓸하게 놓여 있었다. 그 할머니가 잽싸게 동전 바구니를 비우는 행동을 해도 전혀 배신감이 들지 않을 만큼 그녀가 가엽게 느껴졌다. 나는 그녀에게 내가 줄 수 있는 최대한의 마음을 주었다. 비록 얼마 안 되는 금액이었지만 그녀의 건강과 평안을 기원하는 마음을 함께 담았다. 결혼은 했을까, 아이들은 몇이나 될까, 왜 여기에 이렇게 앉아 있게 되었을까 하는 궁금증이 연기처럼 피어올랐지만 차마 물을 순 없었다.

올라오는 계단에서 만난 중년 남자의 허벅지에는 검푸른 색깔의 낡은 고무천이 동여매어져 있었다. 흡사 방탕하고 타락한 인어공주와 같은 그의 해괴한 모습에 흠칫 놀라지 않을 수 없었다. 남자는 조금 전의 할머니보다는 깔끔한 편이었지만 빈곤의 흔적이 가득했다. 나는 다시 한 번 내가 베풀 수 있는 조그만 성의를 보였다.

사람들은 길가의 가로수나 전봇대를 지나치듯 두 걸인 곁을 지나고 있었다. 나 또한 예전에는 그들이 보이지 않는다는 듯 지나치곤 했다. 그러나 그날만큼은 그렇게 하지 못했다. 내게는 당연한 일상이 그들에게는 없다는 사실, 더욱이 건강을 잃었다는 게 얼마나 불행한 것인지를 느끼는 순간 뜨거운 연민이 솟구친 것이다.

연민은 '동정'과 다르다. 둘 다 타인에 대해 측은함을 느끼는 감정이기는 하지만 동정에는 타인을 자기보다 못한 존재로 여기는 감정이 섞여 있다. 그래서 우리는 누군가에게 동정 받을 때 화를 내거나 불쾌해지는 것이다. 연민은 따뜻한 마음을 지닌 자에게서 나타나는 인간다운 행위라고 할 수 있다. 또한 자기의 이익과 안전만을 생각하기보다 다 같이 더불어 행복해지기를 소망하는 사람들이 지닌 고운 마음씨인 것이다. 그런 사람이 진정한 교양인이라 할 수 있다. 그 대상이 사람이 아닌 미물이나 무생물이라 해도 연민의 감정을 느낄 줄 아는 사람에게서는 맑은 향기가 나는 법이다.

어느 지점, 어느 시간에 우리는 불행과 맞닥뜨릴지 알 수 없다. 불행에게 목덜미를 잡히는 순간 우리는 후미진 뒷골목으로 끌려간다. 삶이 송두리째 뒤집어지기도 한다. 그러한 절망의 구덩이에 빠졌을 때 우리에게 진정 필요한 것은 물질보다 누군가의 따뜻한 마음이다.

인간다운 삶을 꿈꾸는 사람이라면 자기의 상처를 대하듯 타인의 고통에 대해서도 관심을 기울일 줄 알아야 한다. 타인의 삶에 냉정한 사람은 자신의 삶 또한 풍요로울 수 없다. 우리는 종종 그

인간다운 삶을 꿈꾸는 사람이라면
자기의 상처를 대하듯 타인의 고통에 대해서도
관심을 기울일 줄 알아야 한다.
타인의 삶에 냉정한 사람은 자신의 삶 또한
풍요로울 수 없다.

러한 사람을 만나곤 한다. 누군가 성공해서 부유해졌을 때에는 온갖 칭찬과 아첨을 늘어놓다가 사정이 안 좋아지면 차갑게 외면해 버리는 사람들을 볼 때 우리는 그의 이중성에 분노하게 된다. 사람을 진심으로 대하지 않는 이들에게는 연민이란 감정이 생겨날 수 없다.

  그대가 동전 몇 푼이라도 지하도 걸인에게 자선을 베풀어본 사람이라면, 아직 냉혈한이 되지 않았다면, 어려움에 처한 사람은 없는지 주변을 살펴보아야 한다. 돈을 더 벌어서 도와주겠다거나 시간 여유가 날 때 봉사할 생각이라면 다시는 기회가 없을지도 모른다. 누군가 지금 그대의 도움이 필요하다면 지체하지 말고 나서야 한다. 따뜻한 마음이 그에게는 돈보다 더 큰 위로와 선물이 될 것이다.

비난의
부메랑 효과

그대의 아이를 소심한 사람으로 만들고 싶은가? 그렇다면 사랑하는 아이에게 간식을 주듯 비난을 선물하라. 그대의 남편 또는 아내를 우울증 환자로 만들고 싶은가? 그렇다면 사사건건 트집을 잡아 비판하라. 부하직원이 그대를 증오하도록 만들고 싶은가? 그렇다면 일할 때마다 잘못을 지적하여 무능한 직원으로 몰아붙여라. 이처럼 사람에게 끼치는 비난의 영향은 치명적이다.

'비난'이라는 것을 '약'에 비유해 보자. 우리는 몸이 아플 때 약국에 가서 약을 구입한다. 그리고 약을 먹기 전에 약의 성분과 효능과 부작용에 대해 기술되어 있는 사용설명서를 꼼꼼히 읽어봄으로써 안전성을 확인한다. 그런데 '비난'은 인간의 마음속 상자 안에 들어 있고, 안타깝게도 이 상자 안에는 사용설명서가 없다. 비난을 사용했을 경우 그 효능이나 부작용에 관한 단 한 줄의 경고 문구도 없다. 그러나 사용설명서가 없기 때문에 우리는 그것이 약인지 독약인지 구별하지 못한 채 무의식적으로 사용할 뿐이다.

한순간도 숨을 쉬지 않으면 살 수 없는 생명체이면서 우리는 대체로 숨을 쉬고 있다는 사실을 자각하지 못한다. 그와 같이 누군가에게 비난이라는 날카로운 화살을 쏘아놓고는 상대가 받을 아픔을 헤아리지는 못한다. 때로는 자신이 그를 비난한 사실조차 깨닫지 못하기도 한다. '나는 비난한 게 아니야. 그에게 적절한 충고를 했을 뿐이지'라고 생각하며 상처받은 사람에게 책임을 돌린다. 충고에 대해 지나치게 예민하게 반응하는 상대의 인격에 문제가 있다고 치부해 버리는 것이다.

상대방에게 정신적 고통을 안겨주는 충고는 결코 충고라고 할 수가 없다. 그건 충고를 가장한 악의적이고 교묘한 비난일 뿐이다. 진정한 충고라면 그가 아름다운 미래에 대한 희망을 품을 수 있어야 한다.

비난은 분노를 만든다. 그 분노는 상대에 대한 증오와 원망을 낳는다. 결국 타인에 대한 비난은 자기에게 날카로운 부메랑으로 돌아오는 것이다. 그대가 진정 향기로운 삶을 원한다면 타인에게 먼저 향기로운 행동을 베풀어야 한다. 타인을 깎아내리고 부정하는 방식은 그대의 삶을 해칠 뿐이다. 비난이 어떠한 부작용을 일으키는지 먼저 인식하여, 자신의 입술에서 가시 돋친 말들이 새어나오지 않도록 경고가 담긴 사용설명서를 만들어두어야 한다.

우리가 타인을 비난하게 되는 이유는 무엇일까? 스스로 극복하지 못한 자기 삶에 대한 불만족, 불안감을 해소하기 위한 공격이다. 물론 신이 아닌 이상 우리는 비난이라는 은밀한 유혹에 빠지기 쉽다. 하지만 그러한 유혹은 중독성을 지닌다. 타인에게 상처를 주는 행동이 불러일으키는 묘한 통쾌함 때문에 자꾸 반복하게 된다. 독이 든 알사탕과 같이 단맛 속에 숨겨진 독소는 그대로 하여금 사디스트가 되게 만들 뿐이다. 마약이나 도박이 인간을 파멸로 이끌어가는 것처럼, 비난이라는 것도 인간을 중독의 늪에 빠지게 한다.

비난하는 사람은 자신이 상대방보다 우월하다는 자만심에 빠져 있다. 그러나 그것은 착각이며 환상일 뿐, 객관적으로 볼 때 그러한 행동은 열등한 존재의 치졸한 화풀이밖에 되지 않는다. 결국 비난을 즐기는 사람은 자기 안의 수많은 결점과 약점을 밖으로 드러낸 뒤 씁쓸한 기분을 느낄 뿐이다.

삶이 혼란스러울수록 우리는 시선을 내부로 돌려야 한다. 삶의 부족한 원인을 외부에서 찾으려 한다면 타인에 대한 시기와 질투, 사회에 대한 분노만을 보게 될 것이다.

사람들과 원만하고도 평화로운 관계를 원하는가? 그렇다면 마음속에서 비난이라는 독약을 꺼내기보다는 칭찬과 격려라는 약을 꺼내도록 하라. 이 칭찬과 격려라는 약에도 사용설명서는 없지만 적어도 부작용은 없다. 누군가에게 진정으로 충고를 하고 싶다면 부작용 없는 약을 사용하는 게 현명하다.

반면 비난이라는 독약은 한 사람을 정신적으로든 육체적으로든 죽일 수 있을 만큼 위험한 것임을 기억하라. 실제로 악의적인 비난에 의해 죽음을 맞이한 경우를 우리는 잘 알고 있다. 인터넷 악의적 댓글로 인해 우울증에 빠진 연예인이 자살한 경우를 잘 알고 있지 않은가. 그처럼 단 몇 줄의 비난이 모이면 당사자의 삶을 빼앗을 만큼 위협적인 무기가 되는 것이다.

타인으로부터 비난을 들었을 때 그대가 느낀 심정을 기억하라. 그리고 자신의 비난이 누군가를 해칠 수 있는 흉기가 될 수 있음을 기억하라. 타인에게 던진 비난이 언제든 자신에게 부메랑이 되어 돌아올 수 있음을 기억하라. 마음속에 숨겨진 비난을 제거하도록 노력하라.

두려움에
맞서는 법

얼굴에 솜털이 보송보송하던 시절, 어느 화창한 날 친구들과 함께 놀이터에서 놀았던 추억이 떠오른다. 다 같이 정글짐에 달라붙어 씩씩하게 한 칸 한 칸 올라가는데 나만 올라가지 못했다. 꼼짝 못한 채 사시나무 떨듯 온 몸을 바르르 떨었던 이유가 고소공포증 때문이었음을 나중에서야 알았다.

어릴 적 두려움의 기억은 이것만이 아니다. 어두운 밤에 혼자 화장실을 가는 게 왜 그리도 무서웠을까? 아마도 눈앞에 무엇이 있는지, 어떤 일이 일어날지 예측할 수 없었기 때문일 것이다.

이처럼 우리는 성장하는 과정에서 두려움이라는 감정을 배우게 된다. 어릴 때 가장 두려웠던 것이 높은 곳과 어둠이었다면, 성인이 된 후에는 또 다른 두려움들을 맞닥뜨리게 되는 것이다. 그대는 지금 어떠한 두려움을 맞이하고 있는가.

인생에 두려운 일은 무수히 많을 것이다. 그러나 두렵다고 해서 어떤 일을 회피하거나 외면한다면 점점 나약해질 수밖에 없다. 우리가 아기였을 때 두 발로 걷기 위해 수없이 넘어지고 다치면서도 다시 일어섰듯이, 두려움을 이겨낼 수 있는 의지를 지녀야 한다.

인생의 밤길을 홀로 걸을 때 두려워지거든 스스로에게 주문을 외워라.

"난 두렵지 않아. 무덤 같은 어둠이 있어야 낙원 같은 밝은 태양이 떠오르잖아. 이 어둠은 내 인생에 꼭 필요한 자양분이 될 거야. 나의 영혼은 지금의 어둠으로 인해 더 넉넉해지고 고양될 거야."

이러한 결심이라면 어둠은 더 이상 두려움의 내상이 아니라 고맙고 사랑스러운 삶의 동반자가 될 것이다. 긍정적인 생각과 감사의 마음으로 땅거미처럼 스며드는 불안과 공포의 감정들을 극복하라. 넘어서지 못할 것 같은 아득한 벽 앞에 도달했을 때, 두려워서 도저히 장애물을 뛰어넘을 용기가 나지 않을 때, 긍정적인 사고와 감사의 마음으로 충만한 그대의 영혼은 어려움을 이겨낼 수 있을 것이다.

그대 안의 두려움을 들여다보라. 그것은 그대의 건강한 자아를 잠식하여 절망의 기운을 몸속에 퍼뜨리는 침울하고 부정적인 감정일 뿐이다.

어떤 사람이 현대의학으로는 도저히 치료 불가능한 병에 걸렸다는 진단을 받았다고 할 때, 그는 곧 죽을 것이라는 생각 때문에 비탄에 빠져 신을 원망할 것이다. 이처럼 대부분의 사람들은 죽음에 대한 공포와 함께 모든 것이 끝났다는 두려움에 사로잡혀버린다. 그러나 현명한 사람들은 두려움을 과감히 떨쳐낼 수 있는 용기를 발휘한다. 시한부 인생을 통고받았다고 해도 자신의 삶을 뿌리째 뽑아 절망의 황무지에 무책임하게 내던지지는 않는다. 그들은 부정적인 기대로는 아무것도 얻을 수 없으며, 남은 생애 또한 불행해질 수밖에 없음을 잘 알고 있기 때문이다. 그러므로 죽을병에 걸렸다는 현실을 담담히 받아들이고 의연히 투병에 도전할 수 있다.

인간은 살아가면서 두려움과 수시로 대면하게 된다. 처음 운전을 배울 때나 취직 면접을 볼 때도 그렇지만 가장 두려운 것은 혼자 살아가는 일이 아닐까. 혼자라는 것, '1'이란 험난한 세상을 헤쳐 나가기에는 참 두렵고 외로운 숫자이다. 그러나 행복을 추구하는 사람은 두려움 앞에서도 당당할 수 있다. 고개 숙이고 눈물 흘리기 이전에 자신이 지닌 능력에 대한 확신으로 절망 앞에서 맥없이 무릎 꿇지 않는다.

두려움이라는 부정적 감정이 그대의 당당함을 피해가도록 여유 있게 응대하라. 실패도 인생의 소중한 수업이라고 받아들이고, 타인의 시선보다는 자신의 양심에 충실하라. 오늘 내게 푸른 하늘을 바라볼 수 있는 마음을 지녔음에 감사하라. 아무리 지독한 두려움이 찾아와도 거뜬히 물리칠 수 있을 것이다.

애인보다
책을 더
가까이 하라

  우리가 사물을 볼 수 있는 능력은 신이 내려주신 축복 중에서도 가장 가슴 벅찬 축복이다. 특히 정갈하게 배열된 활자들을 읽어내려 갈 때의 기쁨은 진정 책을 사랑하는 사람이라면 누구나 느끼는 감정일 것이다.

  책은 인간의 문명 중에서 가장 위대한 발명이다. 행복을 찾기 위해 길을 나선 그대여, 애인보다 더 애틋한 감정으로 책을 가까이 하라. 책은 그 어떤 애인보다 그대에게 힘이 되어줄 것이다. 더욱이 긍정적인 용기를 주는 책은 그대에게 애인으로부터 받을 수 없는 위로와 꿈을 선사할 뿐만 아니라 자신의 인생을 성찰할 수 있는 계기를 마련한다. 우리가 경험하지 못했던 모든 것, 우리가 꿈꾸는 모든 것들이 고스란히 책 속에 담겨 있다고 해도 과언이 아닐 만큼 책에는 수많은 정보와 지혜들이 저장되어 있기 때문이다.

특히 책 속에는 작가의 영혼이 아로새겨져 있다. 한 권의 좋은 책은 한 사람을 확실한 성공의 길로 인도하기도 하고, 절망의 늪에 빠진 사람을 희망의 대지 위로 끌어올릴 수 있을 만큼 강력한 마법의 힘을 지니고 있다.

잠들기 전에 한 줄이라도 읽고, 아침에 깨어나서도 읽고, 음악을 들으면서도 읽고, 점심시간이나 낮잠 잘 시간을 아껴서 읽고, 외롭거나 괴로운 일이 있어도 읽고, 화가 날 때도 읽고, 속상할 때에도 읽고, 즐거움을 주체할 수 없을 때에도 읽어라.

나는 항상 가까이에 책을 한 권씩 놓아두고 수시로 읽어왔다. 요즘은 열 권 정도의 책을 여기저기에 놓아두고 읽고 싶은 책을 골라서 읽기도 한다. 한 권은 읽지 않은 책이고 나머지 아홉 권은 이미 읽은 책들이다.

나는 감동을 받았던 책이면 수십 번이라도 반복해서 읽는다. 애인처럼 책장 속에 간직해 놓았다가 보고플 때마다 꺼내어 다시 읽어본다. 한 번 읽었으므로 그 책을 다 안다고 생각하지 말라. 좋은 느낌을 받은 책은 다음에 또 읽어보길 바란다. 벗기면 벗길수록 하얀 속살을 수줍게 드러내는 양파처럼 책은 읽을 때마다 그대에게 진한 감동과 영혼의 떨림을 선물해 줄 것이다. 애인보다 책을 더 가까이 하라. 인생의 본질을 꿰뚫어볼 수 있는 최고의 가르침들이

거기에 고스란히 들어 있다.

그대가 책을 좋아하지 않는 편이라면 책이라는 대상에 잘 적응하지 못할 수도 있다. 하지만 가까이 놓고 조금씩 읽다 보면 결국 둘도 없는 친구로 여기게 될 것이다.

책 한 권을 집필하기 위해 평생을 투자한 작가도 많이 있다. 그런 경우 작가는 평생에 걸쳐 터득한 삶의 지혜를 아낌없이 쏟아 붓기도 한다. 그렇게 심혈을 기울여 완성한 책을 우리는 단 몇 시간 만에 읽어버리니 허무하기도 한 일이지만, 음식물을 씹어먹듯이 낱말 하나하나를 곱씹으며 읽는 사람에게는 그 어떤 보약보다도 효과 좋은 약이 될 것이며 작가의 사상이 뼛속깊이 흡수될 것이다.

그러므로 책을 읽는 태도는 대단히 중요하다. 그대가 책으로부터 무엇인가를 얻고자 한다면 경건한 자세로 읽어야 한다. 작가가 글을 쓸 때의 심정이 어떠하였을까를 생각하며 읽어라. 그렇게 책에 대해 예의를 갖출 때 책 속의 글 또한 그대에게 의미 있게 다가올 것이다.

내가 어떤 대상을 좋아하면 그들 또한 나를 좋아하고, 내가 어떤 대상을 싫어하면 그들 또한 나를 싫어한다. 우리가 책을 애인보다 더 사랑한다면 책 또한 우리를 그만큼 사랑하게 된다.

많은 투자 중에 책에 투자하는 것만큼 지혜로운 행위는 없다. 부동산에 투자해서 한순간에 수십 억을 벌었다고 해도, 주식에 투자해서 수백 억의 차익을 챙겼다고 해도 좋은 책 한 권에서 받은 감동에 비하면 별것 아닐 수도 있다.

 어떤 책이 스스로에게 유익한 책인지 가늠할 수 있게 되길 바란다. 좋은 책은 읽으면 읽을수록 더 크고 깊은 감동을 주는 법이다. 책표지가 너덜너덜해졌다 해도 힘들었던 시절에 커다란 위안을 안겨준 책은 영원히 아름답다.

인생의 황금기,
자기만의
비밀 취미를 즐겨라

　생활의 권태가 찾아들 때면, 일상의 무료함을 견딜 수 없을 때면 즐거운 취미를 가져볼 일이다. 극장에 가서 영화를 보거나, 새로운 음반을 찾아 감상하거나, 독특한 물건들을 수집해 보는 것은 어떨까? 열대어를 길러보거나, 십자수를 놓거나, 탁구나 배드민턴을 치거나 스포츠 댄스를 배워보는 것은 어떨까? 정적인 일을 하는 사람이라면 동적인 취미를 가지는 편이 좋을 것이고, 동적인 일을 한다면 정적인 취미를 가지는 것도 좋다.

　목적 없이 낯선 거리를 걸어보는 것도 좋고 마음이 통하는 친구들과 평소 가보고 싶었던 여행지에 가는 것도 좋다. 지금 안고 있는 걱정거리를 까마득히 잊어버릴 만큼 몰두할 수 있는 그런 취미를 즐기도록 하라.

직장에서든 가정에서든 서른 살의 삶은 피곤할 수밖에 없다. 이미 그대는 삶의 정점에 서있기 때문이다. 그대는 가족을 부양하기 위해 좋아하는 취미생활마저 포기한 워커홀릭인가? 회사생활의 스트레스로 인해 정신과 육체가 피폐해져 있는가? 그대 앞에 해결해 주기를 기다리는 일거리들이 하루가 다르게 늘어나고 있는가?

세상에 자신의 행복만큼 중요한 건 없다. 그대가 행복해야 가족을 부양할 힘이 생기고, 그대가 행복해야 일상생활의 보람을 느낄 수 있다. 취미생활도 없이 일에만 몰두한 나머지 삶의 의욕을 상실해 버린다면 가족을 부양하기는커녕 오히려 가족들이 그대를 보살펴야 하는 비극적인 상황이 발생할 수도 있다. 그러므로 마음의 안정을 취하고 숨 막히는 일상에 상큼한 활력소가 될 만한 취미를 즐겨야 한다. 취미생활은 그대에게 삶의 활력소이자 행복의 중요한 요소가 된다.

자신이 평소에 어떤 일에 흥미를 느끼고 있는지, 어떤 일을 할 때 즐거운 에너지가 솟구치는지 생각해 보길 바란다. 흥미를 느낀다는 것은 당신이 그로 인해 행복을 느낄 수 있다는 반증이다.

단 한 번뿐인 인생을 무미건조한 경제활동으로만 소모한다면 삶은 얼마나 삭막하고 메마를까? 나의 경우엔 음악을 듣거나 책을 보거나 글을 쓸 때 편안하고 행복한 감정을 느낀다. 그대는 어떤 일을 할 때 마음이 정화되고 편안해지는 것을 느끼는가? 잠시나마 서른은 인생의 황금기이다.
가장 아름답게 빛나는 시기이다.
이러한 시기에 시점에
특별하면서 비밀스러운 자기만의 취미를
하나쯤 가질 필요가 있다.

취미생활에 몰입함으로써 무한한 즐거움을 체험할 수 있다면 행복은 어느새 그대 품안에 있을 것이다.

  서른은 인생의 황금기이다. 가장 아름답게 빛나는 시기이다. 이러한 시기에는 특별하고도 비밀스러운 자기만의 취미를 하나쯤 가질 필요가 있다. 친구도 가족도 애인도 알지 못하는 혼자만의 비밀스러운 취미가 있다면 그대의 영혼에 신선한 활력이 생겨날 것이다. 햇살 쏟아지는 오후에 자기만의 독특한 취미를 즐겨라. 그 누구의 눈치도 보지 말고 당당하고 멋지게!

영원히
소유할 수 있는 것은
없다

　사람들은 무엇인가를 소유하기 위해 애를 쓰며 산다. 손에 움켜쥔 것들을 놓치지 않으려, 또 손에 넣지 못한 것들을 움켜쥐기 위해서 사력을 다한다. 그러면서 생존을 위한 어쩔 수 없는 일이라고 믿는다.

　정글과 같은 이 세상에서 살아남기 위해 우리는 더 많은 땅을 사고 더 큰 집을 사고 더 좋은 대접을 받으려 한다. 그리고 그것들을 자신의 통제 아래에 두려고 한다. 그것들이 내 것이 확실하다는 것을 증명하기 위해 법적 확인을 받은 서류를 보물처럼 간직하고들 산다. 그러나 그렇게 쌓아올린 부귀공명 중에서 영원히 소유할 수 있는 것은 단 한 가지도 없다.

물론 영혼의 안식처인 우리의 육체 또한 한정된 시간이 지나면 자연에게 돌려주어야 한다. 세월이 흐르면 누군가를 향한 증오나 원망, 누군가를 향한 순진한 동경조차 빛이 바래지기 마련이다. 강물이 광활한 바다로 흘러가듯이 우리의 일생도 천천히 시간의 바다 속으로 흘러가는 것, 세상에 변하지 않는 건 없다. 어쩌면 변하지 않는 유일한 것은 시간뿐인지도 모른다.

어떤 것에도 집착하지 말라. 영원히 소유할 수 있는 것은 없으니까. 이러한 자연의 순리를 망각하게 되면 집착의 굴레에 갇히게 된다. 조만간 큰돈을 벌 거라 생각하며 수단과 방법을 가리지 않고 살아가는 것, 부모님이 영원히 살아계실 것처럼 바쁘게 살다가 나중에 땅을 치며 후회하는 것 등이 굴레에 갇힌 결과이다.

우리가 영원히 이 땅 위에 살 수 없듯이 세상의 모든 것들도 영원히 존재할 수 없음을 기억하라. 오늘은 내 것이지만 그것도 잠시일 뿐 언젠가는 누군가의 소유가 될 수 있다. 오늘은 내 곁에서 다정하던 사람도 어느 날 갑자기 떠나갈 수 있다. 자기를 괴롭히는 소유욕으로부터 욕심의 갈퀴를 거둬들이고 나면 마음이 편안해질 것이다.

장미꽃은 땅속에 뿌리를 내린 장미나무에 피어 있을 때 가장 아름다운 향기를 뿜어내는 법이다. 그 자리에 피어 있는 것만으로도 보는 사람의 가슴을 훈훈하게 하는 장미꽃처럼 있는 그대로 사랑할 수 있어야 한다. 돈이든 사람이든, 내 것으로 낙인찍으려 하기보다는 집착을 내려놓고 자기 자리를 지켜라.

　살아 있는 동안 우리는 수없이 많은 것들과 이별해야만 한다. 그대는 지금까지 얼마나 많은 것들과 이별했는가. 타고 온 버스에서 내리는 것도 버스와의 이별이라 할 수 있고, 밥을 먹고 식탁에서 물러나는 것도 식탁과의 이별이라 할 수 있으니, 그 모든 이별을 다한다면 지구를 몇 바퀴 돌고도 남을 만한 숫자일 것이다.

　그렇게 따진다면 세상에 그 어느 것도 내 것은 없다. 이 세계의 모든 것들은 서로 공유하는 것이다. 나의 것을 타인과 매일 공유하는 것, 그것이 바로 인생이다. 자신이 지닌 것들을 필요한 이들에게 친절한 마음으로 나누어줄 때 그대는 영원히 소유할 수 있는 단 한 가지, '영혼의 행복'를 얻게 될 것이다. 동시에 이 세상 누구보다 평화로운 사람이 될 것이다.

자긍심으로
마음의 상처를
치료하라

 누구에게도 보이고 싶지 않는 아픔, 짙은 화장을 해서라도 가리고 싶은 아픔, 일생 들키고 싶지 않은 나만의 아픔, 그것이 바로 인생의 상처이다. 온갖 크고 작은 그 상처들은 가슴속에 똬리를 틀고 있다가 나약해진 틈을 타 살그머니 나타난다. 그러고는 혼란에 빠트리고 좌절감이라는 달갑지 않은 선물을 안겨준다.
 그대는 지금 어떠한 상처를 지니고 있는가? 눈에 보이는 상처는 병원에 가서 적절한 치료를 받으면 나을 수 있다. 하지만 눈에 보이지 않는 마음의 상처는 스스로 자각하기조차 어려울 때가 많다. 세상을 살아가다 보면 많은 사람들과 서로 부대끼며 뜻하지 않은 일들로 인하여 마음의 상처를 입을 수가 있다. 그때 상처 입은 마

음을 외면하고 무심하게 방치해 두면 영원히 지워지지 않는 흉터로 남는다.

우리는 상처 하나 없이 깨끗한 인생을 살 수는 없을까? 인간이 아닌 무생물이라면 과연 상처 없이 존재할 수 있을까? 예를 들어 구름이나 별로 살아간다면 어떠할지 상상해 보자. 구름은 어느 때는 솜털처럼 보드라운 형태였다가도 또 어느 때는 우울한 먹구름이 되어 비로 쏟아져 내린다. 밤하늘에 영롱하게 반짝이던 별은 우주의 법칙에 따라 언젠가는 빛을 잃은 채 유성으로 소멸하기 마련이다. 자연현상조차 이러한 생사소멸의 과정을 거친다고 할 때 하루에도 수백 가지의 감정을 느끼는 인간이 상처 없이 살아가기란 불가능하다.

사람들은 각자 저마다 다른 크기와 다른 상처를 지니고 있다. 남의 눈에 보이지 않는 상처라 해서 그대로 무시하고 방치해도 괜찮을까? 대개는 살아가는 데 큰 문제가 안 될 것이라 생각하고 가슴에 묻어둔 채 살아가지만, 치료되지 않은 상처는 언젠가 더 큰 상처로 덧날 수도 있다. 그러나 치료법을 가르쳐주는 데도 없고 치료 방법을 알고 있는 의사도 없다. 우리는 어떻게 해야 이 인생의 수많은 상처들을 고통 없이 치료할 수 있을까?

가깝게 지내는 친구가 있어 속내를 다 털어놓을 수 있다 해도 그대의 상처를 치료해줄 수는 없다. 왜냐하면 그 상처는 자신만이 느끼는 것이며, 그 책임 또한 자기 자신에게 있기 때문이다. 자신만이 상처의 원인을 알고 있으며, 어떤 과정을 거쳐 어떤 상태에 이르렀는지 알 수 있다.

　인생의 상처는 자기 스스로 치료해야 한다. 그러나 겁내지 말라. 그대는 아픈 상처를 치료할 수 있는 능력을 지니고 있다. 썩어가는 부위에 약을 발라 부드러운 새살이 돋아나게 할 수 있다. 그대의 잃어버린 자긍심을 찾아라. 가장 간단하고도 어려운 치료법이긴 하지만 자기 자신에 대한 믿음만큼 강력한 방법은 없다. 더 이상 아픔에 길들여지기 전에, 더 이상 상처가 곪기 전에 칼을 들어 베어내야 한다.

영혼을
정화시켜 주는
음악과
사귀어보라

 물에 흠뻑 젖은 솜처럼 가라앉은 기분일 때 또는 슬픔의 장막에 가리어 울적할 때면 무엇을 하는가. 어떻게 그 기분으로부터 탈출하는가.
 마음이 어지러운 날에는 볼륨을 높이고 사랑이 가득한 음악을 들어보기를 권한다. 취향에 따라 그날의 분위기나 느낌에 어울리는 곡으로. 클래식이든 가요나 팝송이든 라틴 음악이든 볼륨을 높이고, 머리를 텅 비운 채 멜로디 안에 풍덩 빠져들어 보자. 말로 형언할 수 없는 감정이 가슴속 깊은 곳에서 샘솟을 것이다.
 마치 사랑하는 사람과 달콤한 포옹을 할 때처럼 짜릿할 수도 있고, 폭풍우가 휘몰아치는 듯한 격정에 사로잡힐 수도 있고, 푸르른 잔디밭에 누워 맑은 하늘을 올려다보는 듯한 평화로움을 만끽할 수도 있을 것이다. 순수한 감정에 빠져들게 해주는 신비한 힘을 지닌 음악의 바다에서 마음껏 헤엄쳐보자.

음악은 사람으로부터 받을 수 없는 위안을 주고 사람들로부터 받은 고통들을 차분히 위로해 주는 아름다운 친구이다. 이 친구는 그대가 부르면 언제 어느 때나 그대와 함께한다. 슬플 때나 기쁠 때나 불안할 때나 외로울 때나 무료할 때나 늘 당신이 손을 뻗으면 닿는 곳에 있다. 어떤 상황에서든 영혼을 정화시켜 주는 음악이라는 친구의 도움을 받기를 바란다.

나 역시 즐거운 날이나 슬픈 날이나 음악을 자주 듣는다. 특히 인생의 희로애락이 담겨 있는 가요를 즐겨 듣는 편이다. 노래 가사를 음미하면서 따라 부르다 보면 어느새 복잡했던 마음은 정리되고 단순해진다. 잔잔한 발라드를 들으며 앳된 소녀의 감성을 느껴보기도 하고, 경쾌한 댄스곡을 들으며 활기찬 에너지를 느껴보기도 한다.

요즘 도시인들은 건강에 대한 관심이 많아져 강박적으로 약을 챙겨먹곤 한다. 끼니때마다 비타민제를 먹거나 영양제를 먹기도 하고, 한의원에서 비싼 보약을 지어먹기도 하고, 새로운 건강 보조식품이 출시되면 득달같이 구입하기도 한다. 물론 건강을 위해 노력하지 않는 것보다는 낫겠지만, 마음이 건강하지 못한데 '약'으로써 육체를 건강하게 하는 데는 한계가 있다. 몸이 좋아지기 위해서는 마음부터 다스려야 할 일이다.

　그 어떤 보약이나 건강 보조식품보다 저렴하고 효과 좋은 영양제는 바로 음악이다. 식물들도 음악을 들려주면 성장이 촉진되고 풍성한 과실을 맺게 된다는 연구 결과가 있듯이, 음악은 실제로 정신과 육체를 건강하게 하는 약인 것이다.

　음악이 당신의 마음을 치유해 주었던 기억을 떠올려보라. 어떤 노래가 이별을 아픔을 달래주었는가. 어떤 음악이 그대에게 용기를 심어주었는가. 그대가 좋아하는 음악들에는 어떤 사연들이 담겨 있는가. 어디선가 그대가 좋아하는 음악이 흘러나왔을 때 오랜만에 친구를 만난 것처럼 반가웠는가.

　지금 그대가 가장 듣고 싶은 음악은 무엇인가. 그 음악을 들으며 어떤 감정에 빠지고 싶은가. 어떤 위로를 받고 싶은가. 때로는 친구처럼 때로는 연인처럼 위로해 주는 음악이 없었다면 인간의 삶은 얼마나 삭막하고 메말랐을까. 이 조건 없는 사랑의 기쁨을 한껏 누려보자.

목적 없이
낯선 곳으로
여행을 떠나자

외로움은 우리가 인간으로 태어난 이상 비켜갈 수 없는 천형(天刑)이다. 사랑하는 이들이 곁에 있을지라도 누구나 외로움의 차디찬 굴레를 벗어날 수는 없다.

우리는 가을날의 스산한 돌개바람처럼 예고 없이 불쑥 찾아온 이 손님의 얼굴을 잘 알고 있다. 그늘지고 초췌한 그의 곁에는 늘 그리움이 동반한다. 그리하여 누군가를 계속 떠올리게 하고 누군가를 보고 싶게 하는 애잔한 감정을 불러일으킨다.

그렇게 외로움이 방문했을 때 그대여, 망설이지 말고 여행을 떠나라. 자동차로 가는 것도 좋겠지만, 그보다는 사람 냄새가 배어 있는 기차나 버스를 타고 한 번도 가보지 않은 미지의 곳으로 떠나

보는 것이다. 낯선 곳에서 느끼는 되는 묘한 긴장과 떨림, 고독을 즐겨보자.

낯선 그곳에 그대가 가져온 외로움을 버리고 새롭게 엄습해 오는 외로움을 맞이하라. 타지에서 맞이하는 생소한 느낌을 즐겨보라. 그 이질적인 느낌 속에서 어느덧 자기 자신과 대면하게 될 것이다. 외로움 속에서 진정한 자아를 만나고 또 새로운 힘을 얻곤 하기 때문에 우리는 외로움을 숙명으로 받아들일 수밖에 없는 것이다.

처음 만나는 풍경들을 무심코 바라보지 말고 하나하나 깊은 시선을 보내보자. 그곳에서 살아가는 사람들의 일상들을 구경해 보자. 그 풍경으로부터 그대가 서 있는 자리, 그대가 고민하는 문제가 객관적으로 보일 것이고, 어느덧 살아 있음을 감사하게 될 것이다. 그리고 그대에게 달라붙어 있던 외로움은 떨어져 나가고, 판에 박힌 일상이 아닌 새로운 하루가 펼쳐져 있음을 느낄 수 있을 것이다.

그대는 어떤 여행자가 되고 싶은가. 나는 버스를 타고 떠나는 여행을 즐기는 편이다. 차창 밖으로 스쳐가는 풍경들을 바라보노라면 가슴속에 맺혀 있던 자잘한 근심거리들이 녹아내리는 듯하고 마음이 편안해진다. 그래서 가끔은 특별한 목적지를 정하지 않고서 버스 여행을 떠난다. 때로는 길을 잃어버리고 헤매기도 했지만 고생했던 기억보다는 즐거웠던 기억으로 남아 있다. 내가 사는 곳은 소도시라서 대도시로 나가기 위해서는 시외버스를 타야 한다. 낡고 옹색한 시외버스 터미널에 가면 머리에 서리가 내린 할머니

낯선 그곳에 그대가 가져온 외로움을 버리고
새롭게 엄습해 오는 외로움을 맞이하라.
타지에서 맞이하는 생소한 느낌을 즐겨보라.

들의 정겨운 사투리와 함께 벌써 여행은 시작된다.

　아무 기대 없이 떠난 하루의 여행이 평생 잊을 수 없는 소중한 기억으로 남을 수 있다. 목적 없이 떠난 여행이기 때문에 일단 맘에 끌리는 곳에 내리면 된다. 그곳에는 새로운 풍경과 새로운 사람들이 그대를 맞을 것이다. 떠나온 곳의 사람들과 비슷한 듯하면서도 결코 똑같지 않은 사람들, 그 고장의 독특한 풍토를 만나는 것이다. 이로써 여행자는 자신의 일상을 잠시 젖혀두고 낯선 곳에서 다시 태어난다.

　여행으로 충만해지면 이제 집이 그리워지는 때가 온다. 벗어나고 싶고 떨쳐내고 싶었던 지루한 일상의 터전이 간절히 그리워질 것이다. 그때 그대는 자신을 에워싼 삶의 공간들이 얼마나 소중하고 감사한지 새삼 느끼게 될 것이다. 멀리서 바라볼 때서야 비로소 자신이 살고 있는 자리가 어떤 의미를 지니는지, 어울려 살아가는 주위 사람들이 얼마나 고마운 존재인지 깨닫게 된다.

　외롭다는 건 하찮은 감정의 사치가 아니다. 외로움을 느끼면서도 바쁘다는 핑계로 모른 척하거나 무시하는 경우가 얼마나 많은가. 그것은 자아를 의도적으로 학대하는 것만큼이나 가혹한 처사다. 가슴이 외치는 비명에 귀 기울이지 않는 행동은 성숙하지 못한 어리석은 짓이다. 생활을 무기력하게 만드는 외로움이 엄습할 때는 자신에게 여행이라는 선물을 주자. 외로움으로부터 완전히 해방될 수는 없겠지만 적어도 삶에 짓눌리지 않을 만큼 숨 돌릴 틈을 주어야 한다.

어쩌면 외로움을 느낄 수 있다는 것은 신이 베푼 특별한 능력일 수도 있다. 아픈 만큼 성숙해진다는 말이 있듯이 충분히 외로웠던 사람만이 모든 현상과 사물에 대해 깊은 인식을 지닐 수 있기 때문이다. 그 인식이란 외로움을 기꺼이 받아들일 수 있는 정도의 치열한 깨달음을 말하는 것이다.

문득 외로워질 때는 주저하지 말고 여행을 떠나라. 수많은 사람들과 아름다운 풍경들을 가슴의 눈으로 바라보면서 더 깊은 깨달음의 경지에 가 닿아라.

매력적인
사람이 되어라

우리가 향기를 내뿜는 꽃에 매료되듯이 매력적인 사람은 어떤 자리에서건 저 스스로 빛을 발한다. 매력적인 사람은 어둠 속에 있어도 8월의 태양처럼 찬란하게 빛나고, 홀로 있거나 여럿이 있어도 자신만의 아름다움을 잃지 않는다.

 그렇다면 대체 매력이 넘치는 사람이란 어떤 특징을 지닌 사람일까?

 우선 매력적인 사람은 명랑한 성격의 소유자이다. 음울하고 어두운 사람에게서는 매력을 발견하기가 쉽지 않다. 그러나 상황에 따라 적절하게 밝은 분위기를 연출할 줄 아는 사람은 여러 사람들에게 좋은 인상을 주기 마련이다. 물론 차분하고 점잖은 분위기를 지닌 사람에게서도 매력을 발견할 수 있다. 차분한 이들에게는 겉으로 드러나지 않는 내면의 명랑함이 숨겨져 있다. 그러나 겉도 고요하고 속도 한없이 고요하기만 한 사람은 자칫 침체되어 있을 수 있다.

또한 매력적인 사람은 자신감 넘치는 사람이다. 소심하지 않고 모든 일에 적극적이고 능동적인 사람. 어떤 일을 하는 사람이건, 재산이 얼마이건, 학식이 얼마나 되건 상관없이 긍지와 자부심을 느끼고 최선을 다하는 사람이다.

매력적인 사람은 창의적인 사람이다. 상상력이 풍부해서 새로운 것을 창조하기를 좋아하고, 절망적인 상황에서도 기어코 희망의 별을 찾아내는 사람, 인생을 용기 있게 개척하는 사람이다. 사람은 각기 다른 유전자를 타고나기 때문에 저마다 사물과 현상을 바라보는 시각이 다르다. 창의적인 사람은 그런 차이를 존중하며, 자신의 영감으로 세상을 아름답게 만들 만한 것들을 발견하려 노력한다.

매력적인 사람은 겸손한 사람이다. 그리고 어진 사람이다. 개인적으로 나는 어진 심성을 지닌 사람이 가장 매력적인 사람이라고 생각한다. 남을 속이지 않고, 남에게 악의적으로 상처를 입히지 않고, 스스로에게 떳떳한 사람.

어질고 착하다는 것은 결코 어수룩하거나 순진한 것이 아니므로 남들에게 이용당하지 않을까 걱정할 필요 없다. 어진 사람들은 어떤 대가나 보상을 바라지 않고 진심으로 행동하며 남에게 가혹한 말과 행동을 하지 않는다.

  그대가 매력적인 사람이고 싶다면 명랑하고 자신감 있는 사람이 되도록 노력하라. 창의적이며 겸손하고 어진 사람이 되도록 노력하라. 서른 살의 그대여, 자신의 삶에 대해 진지하게 고민하고 있다면 새롭게 거듭나기 위해 오늘 무엇을 할 것인지 생각해야 한다.

제2장

서른,
후회 없이
사랑하라

후회 없이
사랑하라

풋풋한 소녀에게나 죽음을 앞둔 할머니에게나 사랑이란 말은 언제나 가슴 설레는 단어이다. 사랑이란 인간의 삶에 가장 소중한 부분이었으며, 오랫동안 수많은 예술작품을 통해 사랑의 느낌을 표현해 왔다.

 사랑의 종류 또한 다양하여 부모와 자식 간의 사랑, 친구와의 사랑, 자연에 대한 사랑 등 이루 헤아리기 어려울 정도이다. 그 중에서도 우리의 심장을 요동치게 하는 사랑이라 하면 바로 남녀 간의 사랑이 아닐까?

 그대여, 가슴 떨리는 사랑이 찾아왔을 때는 주저하지 말라. 부끄러워하거나 눈치 보지 말고 그대의 마음에 파문을 일으킨 그 사람에게 다가가라. 표현하지 않으면 상대는 그대의 마음을 알아차릴 수 없다. 그녀 또는 그를 사랑할 수 있는 기회는 단 한 번뿐일지도 모른다.

사랑에 빠진 사람의 얼굴을 본 적이 있는가. 날카롭고 신경질적이던 사람이 상냥하고 부드러워지고 쾌활해지는 모습을 본 적이 있는가. 그것이 바로 사랑의 힘이자 효과라 할 수 있다.

그러나 사랑의 감정은 영원하지 않다. 누군가에 대해 느꼈던 사랑의 감정이 결코 처음 그대로 지속될 수 없음에 대해서는 이미 과학적으로 입증되어 있다. 동물에게는 같은 개체끼리 의사소통을 할 때 분비되는 '페로몬'이라는 호르몬이 있다. 이 호르몬은 2년 정도면 그 효력이 다하여 소멸되기 때문에 심장이 터져버릴 것 같은 감정도 어느 시기에 이르면 무덤덤해지게 마련이다. 어떤 사람은 몇 십 년이 지나도 사랑의 감정은 변함이 없노라고 주장하지만 대개 그것은 의지의 표현에 불과하다. 맨 처음 사랑에 빠졌을 때의 떨림이 눈 녹듯이 사라져 간다는 것은 인정하고 싶지 않지만 사실이다.

사랑의 감정은 변할 수밖에 없는 슬픈 운명을 지니고 있다. 그래서 사람들은 사랑의 감정이 다하고 나면 다른 상대에게 눈길을 돌린다. 우리 주변을 보면 배우자 몰래 바람을 피우는 유부남이나 유부녀를 종종 볼 수 있다. 우리 사회의 윤리적 잣대로 볼 때 불륜은 부도덕한 일이지만 다른 관점으로 보면 우리가 얼마나 사랑을

그대여, 가슴 떨리는 사랑이
찾아왔을 때는 주저하지 말라.
부끄러워하거나 눈치 보지 말고
그대의 마음에 파문을 일으킨
그 사람에게 다가가라.

갈구하며 사는 존재인지를 깨달을 수 있다.

  이처럼 사랑을 갈구하는 인간의 심리 때문에 일탈이 빚어지기도 한다. 유흥가 앞을 서성거리는 남자들을 보라. 호스트바에 드나드는 여성들 또한 마찬가지다. 그들은 사랑의 감정과 무관하게 돈 몇 푼에 육체적 쾌락을 사곤 한다. 그것은 사랑의 결과로 얻을 수 있는 소중한 기쁨이 아니라 비틀린 욕망일 뿐이다. 쾌락은 쾌락일 뿐 사랑이 될 수 없다.

  영원하지 않은 사랑이라 해도 두려워하지 말라. 비록 짜릿했던 감정은 무뎌지고 떨림은 사라지겠지만 아름다운 사랑을 포기해서는 안 된다. 한 사람을 진실로 사랑했다면 그 어떤 이별도 그대의 가슴속에 빛나는 사랑의 기억을 퇴색시킬 수 없을 것이다. 그 기억은 가슴 저 깊은 곳에 두고두고 간직할 수 있는 불멸의 그리움이다. 구애받지 말고 멋지게 후회 없이 사랑하여라. 그대에게도 로미오와 줄리엣과 같은 극적인 사랑이 오지 말란 법은 없다.

오늘의
—
좋은 기억은
—
내일의 아름다운
—
추억이다

우리의 기억은 흘러가는 강물과 같아서 스스로 통제할 여유조차 없이 매순간 다른 기억으로 변화한다. 사는 게 그러하듯이 이러저러한 사건들로 인해 우리의 기억은 왜곡되기도 하고 잊히기도 하고 훼손되기도 한다. 특히 잊고 싶은 과거는 어쩐 일인지 잊히지 않고 시간이 지날수록 더 선명하게 각인되어 괴롭히기도 한다.

만약 나쁜 기억들을 말끔히 지워버린다면 과연 행복할 수 있을까? 애석하지만 그렇지 않은 것 같다. 고통스러운 기억마저 가슴에 품고 견뎌내야 삶의 진정한 행복을 느낄 수 있을 것이다. 자기가 낳은 자식이 장애인이라 하여 내다버릴 수 없듯이, 외면하고 싶은 아픈 기억을 간직하는 것도 내 삶의 일부이다. 잊고 싶은 기억

일수록 회피하지 말고 품어주어야 어둠의 그물을 뚫고 자유로워 질 수 있다.

기억이란 과거라는 시간의 퇴적물들이다. 지금 그대가 과거의 기억 때문에 고통받고 있다면 그것은 그대가 살아온 어두운 삶으로부터 벗어나지 못했다는 뜻이다. 내일의 행복한 기억은 오늘의 행복한 하루에 달려 있다. 이제 좀 더 밝은 기억을 담을 수 있도록 노력해 보자. 새로운 시각, 새로운 마음으로 그동안 볼 수 없었던 세상의 아름다움을 발견해 보는 것이다.

자연의 아름다움을 느껴봤던 가장 최근의 경험은 무엇인가? 땅을 뚫고 올라오는 새싹의 탄생에 감동해 보았는가? 바람에 날리는 싱그러운 꽃향기, 빌딩숲 사이로 곱게 노을지는 하늘, 겨울나무 위에 펼쳐지는 눈꽃의 향연……. 일상에서 느낄 수 있는 자연의 아름다움을 자주 만끽하는가?

언젠가 버스 안에서 차창 밖에 펼쳐진 하늘을 바라본 적이 있었다. 무심코 올려다본 하늘이 경이로울 정도로 아름답게 느껴졌다. 생각해 보니 하늘을 바라본 적이 언제인지 기억도 나지 않을 만큼 오래 전이었음을 깨달았다.

사소하지만 하루에 몇 가지만이라도 얼굴에 저절로 미소가 피어나게 할 만한 일들을 실천해 보는 건 어떨까? 공원 산책하기, 아이들과 함께 놀기, 비 온 뒤에 무지개 찾기…… 어려운 일도 아니고 시간이 많이 드는 일도 아니다. 이런 소소한 기쁨들을 추구할 수 있는 사람만이 큰 행복을 얻을 수 있다. 오늘의 좋은 기억들은 내일의 좋은 추억이 되고, 오늘의 불쾌한 기억들은 내일의 고통스러운 추억이 될 것이다. 긍정의 마음과 작은 실천이 그대를 행복의 길로 이끌 것이다.

우리의 육체는 유한하다. 삶이 유한하기 때문에 우리는 행복한 기억을 간직해야 한다. 이 글을 읽는 사랑하는 그대여, 그대의 삶이 소중한 만큼 슬프고 쓰라린 기억도 소중하며, 그 소중한 기억은 결코 그대를 불행하게 하지 않는다. 어떤 일이 발생했느냐 하는 것보다는 어떻게 받아들이느냐에 초점을 맞추어라. 추함에서 아름다움을 발견하고 고통 속에서 기쁨의 실마리를 찾아낼 수 있을 것이다.

그대의 기억들이 바로 그대라는 존재를 이루는 것이다. 과거나 현재나 다가올 미래는 존재의 소중한 조각들이다. 보다 많은 것들을 기억하라. 그 기억이 행복한 그림을 완성시키는 선택받은 퍼즐들이 될 수 있도록 점점 더 큰 사랑에 가까워지는 연습을 하라.

이 세상에
사랑받지 못할
사람은 없다

 사람들 사이에서 가장 괴로웠던 순간은 언제였는가. 우리는 살아가면서 타인과의 관계 속에서 많은 상처를 받곤 하는데, 그 중에 나의 진심이 잘못 전달되어 일방적인 비난을 받을 때만큼 괴로운 순간도 없을 것이다.

 그러나 그렇게 타인들로부터 일방적으로 상처를 받고 속상하고 아파하는 자 역시 은연중에 누군가를 괴롭힌다는 사실을 알고 있는가. 예를 들어 그대가 미워하거나 싫어하는 누군가를 상상해 보자. 이름만 들어도 소름이 돋고 눈길도 마주치고 싶지 않은 사람이 있을 것이다. 그와 친해지느니 차라리 평생 원수로 지내기로 마음먹었을지도 모른다. 그대의 그러한 태도와 행동이 바로 상대방에게 마음의 상처를 주는 것이다.

　우리는 자기 자신의 잘못에 대해서는 관대한 편이다. 타인에 대해서는 용서하기 어려운 잘못이라도 자기에 대해서는 쉽게 합리화하려는 성향이 있다. 누구나 자기의 좋은 점을 드러내고 싶어 하는 것이 인간의 보편적 심리이기 때문이다. 나를 용서하고 아끼는 마음만큼 다른 이에 대해서도 너그럽게 바라볼 수 있도록 노력해야 한다.

　사실 사람을 무조건 사랑하기란 성인군자라도 하기 힘든 일이다. 그러나 타인에 대한 용서와 사랑만큼 중요한 일은 없다. 특히 도저히 사랑할 수 없을 것만 같은 상대에 대해서는 더욱 각별한 노력을 기울여야 한다. '도저히 사랑할 수 없는 사람'이란 '사랑하고 싶지 않은 사람'이라는 뜻과 같다. 이것은 그 사람이 사랑받을 수 없는 사람이라서가 아니라 스스로 그 사람을 사랑할 마음이 없다는 것을 의미한다. 이 세상에 사랑받지 못할 사람은 없다.

　우리는 꽃에 대해서는 아무 대가 없이 그 자체를 사랑한다. 꽃이 살아가는 방식, 즉 저마다의 색깔과 모양과 향기에 대해 각각의 아름다움을 예찬한다. 바다에 대해서도 우리는 대가를 바라지 않고 사랑한다. 오징어나 꽃게를 주기 때문에 사랑하는 것이 아니라 그저 푸른 물결 넘실거리는 아름다운 그 모습 자체로 사랑하는 것이다.

　왜 우리는 꽃이나 바다에 대해서는 그 자체로 사랑하면서 같은 인간에 대해서는 관대하기가 어려운 것일까? 어쩌면 상대방에 대한 기대치가 너무 높았던 건 아닐까? 꽃을 사랑하듯 바다를 사랑하듯 사람에 대해서도 그 자체를 사랑해야 하지 않을까?

누군가 그대의 진심을 오해하였다면, 그래서 그대에 대해 편견을 가지고 있다면, 어떻게 할 것인가? 이제까지 닫혀 있던 마음의 빗장을 풀고 더불어 살아가는 존재로 바라볼 수 있겠는가?

사람을 사랑한다는 일은 거창한 수련을 필요로 하지 않는다. 그의 존재를 인정해 주는 작은 실천에서 시작된다. 누구나 할 수 있는 일이지만 진실한 마음으로 행동하는 사람이 드물기 때문에 '사랑의 실천'은 소중한 가치를 지닌다.

가뭄에 내리는 단비처럼 모든 사람을 편견 없이 대할 줄 아는 사람이 되길 바란다. 그러한 온화함을 지닌다면 그대는 마흔이 되고, 쉰이 되고, 여든이 되어도 인생을 고단하게 여기지 않을 것이다. 이미 그대는 인생의 지혜 중에 가장 소중한 지혜, 즉 사람을 사랑하는 지혜를 터득했기 때문이다.

미운 사람에게
환한 웃음을
날려라

사람의 감정이란 불가사의한 것이다. 때로는 어떤 사람에 대해 이해할 수 없는 반응을 보이기도 하기 때문이다. 평소 나에게 악의적인 감정을 표출하거나 피해를 끼치지도 않았는데 왠지 싫은 감정이 드는 경우가 그것이다. 이유 없이 그 상대가 밉거나 불쾌하기까지 한 것이다.

  스스로도 납득할 수 없는 이러한 감정 때문에 힘들었던 적이 있었는가? 상대하고 싶지 않은 감정을 감추느라 가식적인 미소와 형식적인 태도를 보일 때마다 죄책감을 느끼기도 하고, 스스로 '내가 왜 이럴까?' 하는 황당함을 느낀 적은 없었는가? 이처럼 그대에게 악의가 없는 사람을 이유 없이 싫어한다면 그 원인에 대해 곰곰이 생각해 봐야 한다.

　나의 경우, 예전에 누군가로부터 부당한 대우를 받았던 경험 때문에 이러한 감정에 시달렸던 적이 있다. 오래 전에 내게 상처를 준 사람과 닮은 사람을 만나면 심장이 뛰고 우울해지곤 했던 것이다. 분명 동일한 인물이 아님에도 불구하고 내 속에 간직된 상처의 기억이 이상한 방어기재를 발동시킨 것이다.

　난감한 일이 아닐 수 없다. 자신의 의지와 상관없는 방어적 공격을 당하는 상대방으로서도 참 억울한 일이다. 앞으로 만나지 않아도 될 사람이라면 상관없겠지만, 관계상 자주 볼 수밖에 없는 상황이라면 반드시 해결책을 찾아내야 한다.

　우선 자신의 감정을 다스릴 수 있도록 노력해야 할 것이다. 왠지 싫고 부담스러운 그 사람을 만난다면 일부러 더 환하게 웃어주자. 천진한 아기처럼 해맑은 미소를 지음으로써 그에 대한 거부감을 줄이도록 노력하자. 그리고 스스로 질문해 보라. 그대가 진심으로 미워하는 사람이 누구인지. 그대가 거부하는 사람은 눈앞에 있는 사람이 아니라 과거 속의 다른 사람이라는 사실을 자꾸 인식시켜 주어야 한다.

　이런 방법이 힘들다면, 상대에 대한 미안한 마음을 떠올려보는 건 어떨까? 그동안 이유 없이 내게 미움을 받은 상대에 대한 미안한 감정을 떠올린다면 그가 가엾게 느껴질 것이다.

좋아하는 사람에게 상냥하게 대하는 것은 어린이든 노인이든 누

구나 쉽게 할 수 있다. 그러나 싫은 사람에게 다정하게 대해 주기란 참으로 어렵고도 힘든 일이다. 더욱이 그가 비난을 받을 만한 짓을 했다면 쉽게 실천하기 어려운 일이다. 하지만 누군가를 싫어하고 미워하는 것만큼 힘든 일도 없다. 원한을 갖고 살아가는 사람에게는 좀처럼 행복한 감정이 깃들지 않기 때문이다.

　인생의 쓸쓸함을 아는 서른의 그대여, 진정한 행복을 느끼며 살기에 남아 있는 날들은 그리 길지 않다. 서로 사랑하며 살아가는 행복은 오직 그대의 용기에 달려 있다. 마음의 빗장을 열어 원망과 미움의 감정을 떠나보내도록 하라. 그러면 그 누구를 만나도 가슴에서 우러나오는 진정한 미소를 머금을 수 있을 것이다.

'사랑'이란 말에는
부작용이 없다

'사랑'이란 얼마나 좋은 말인가. 사랑의 고백은 가장 지극한 감정의 표현이며, 가장 소중한 사람을 향한 특별한 선물이다. 따라서 사랑한다는 말을 듣는다면 누구든 황홀한 감격을 느끼게 된다.

하지만 정작 "사랑해"라고 직접 고백하는 경우는 얼마나 될까? 마음속에는 사랑이 가득해도 입 밖으로 소리 내어 말하는 사람은 별로 없다. 심지어 일생에 단 한 번도 사랑한다는 말을 해보지 않은 사람도 있다.

사랑을 표현하기를 주저하지 말아야 한다. 감정을 정확히 표현하지 않으면 오해가 쌓일 수 있다. 서로 좋아하면 눈빛만으로도 대화할 수 있다고 생각하지만, 사실 말로 표현되지 않으면 서로 다른 감정으로 받아들일 수 있다. 불필요한 오해의 소지를 없애기 위해서라도 자신의 감정을 제대로 드러내야 할 것이다.

'사랑'이란 말에는 부작용이 없다. 사랑이란 말은 마법의 동전과 같아서 쓰면 쓸수록 사랑이 커지지만 아끼면 아낄수록 사랑은 작아지는 법이다. 닫혀 있던 입술의 문을 열어 그를 얼마나 소중히 여기고 사랑하는지 들려주자. "사랑해"라고.

감정 표현이 서툰 사람들에게는 이런 표현이 쉽지 않을 것이다. 하지만 어떤 일이든 익숙해지기 위해서는 어색한 첫 순간을 거쳐야 한다. 우리가 걸음마를 배우고 한글을 익히고 자전거를 연습했을 때처럼 모든 것에는 다 '처음'이 있었듯이, 익숙해지기만 하면 전혀 낯설지 않게 표현할 수 있을 것이다.

사랑한다는 말을 하는 것도 중요하지만 그 말을 받아들이는 자세 또한 그에 못지않게 중요하다. 누군가로부터 사랑한다는 고백을 받았는데 당황하여 피해버리거나 모른 척하지 않았는가? 상대의 감정을 거절하든 받아들이든 솔직하고 진솔한 태도를 보여야 한다.

사랑의 고백 앞에 겸손은 있을 수 없다. "제가 사랑받을 자격이 있나요?" "왜 하필이면 나를 사랑하게 됐죠?" 하는 대답은 겸손이 아니라 상대방의 마음을 다치게 할 뿐이다. 받아들일 수 없다면 거절해야 할 것이고, 기다려온 순간이라면 "저도 사랑해요."라고 확실히 말하라.

'사랑'이란 말에는 부작용이 없다.
사랑이란 말은 마법의 동전과 같아서
쓰면 쓸수록 사랑이 커지지만
아끼면 아낄수록 사랑은 작아지는 법이다.

세상이 사라지는 날까지 사랑이란 말은 인간의 가슴에 존재할 것이다. 우리는 그 말에 익숙해져야 한다. 익숙해지면 질수록 사랑은 더 많은 감동의 포말을 일으켜 우리의 시린 가슴을 훈훈하게 만들어줄 것이다.

먼저 고백하라, 먼저 사랑하라

"당신은 정말 소중한 존재입니다. 내게 이 세상은 당신만을 위해 펼쳐진 배경에 불과할 뿐입니다. 당신을 만난 이후로 내 삶은 사랑의 기쁨으로 가득하고 활짝 핀 꽃잎처럼 행복해졌습니다. 당신은 그 어떤 것과도 바꿀 수 없는 아름다운 분입니다. 내게는 오직 당신밖에 없습니다. 사랑합니다!"

이 얼마나 가슴 벅차고 감동적인 고백인가! 그렇다면 이 고백의 주인공들은 어떤 사람일까? 젊은 연인을 떠올렸을 수도 있고, 달콤한 말로 순진한 여자를 꼬드기는 불순한 '작업남'을 떠올렸을 수도 있겠다. 하지만 내게는 특정한 대상이라기보다는 불특정 다수, 즉 부모에게, 형제에게, 친구에게, 존경하는 스승에게도 표현할 수 있는 고백으로 들린다. 우리에게는 사랑을 고백할 사람이 그토록 많은 것이다.

물론 평소 솜사탕처럼 달콤한 고백을 하거나 받는 일이 거의 없어 낯설게 느껴지겠지만 정말 사랑한다면, 그 감정을 전하고 싶다면 용기를 내어야 한다. 상대가 얼굴을 붉히며 부끄러워할 수도 있겠지만 그대의 진실한 마음을 알게 되면 뜨거운 감동을 받을 것이다.

신이 인간에게 언어를 허락한 것은 우리의 감정을 제대로 표현하라는 배려일 것이다. 입술을 열어 그동안 가두어두었던 그대의 사랑을 아름다운 언어로써 펼쳐 보여주라. 사랑의 언어는 차디찬 심장에 뜨거운 온기를 불어넣는 것과 같이 강렬하다. 그대의 용기 있는 고백은 상대의 심장을 뜨겁게 하여 낙원에 도달한 것 같은 황홀함을 느끼게 할 것이다.

그대여, 사랑의 고백을 들어야 할 가장 중요한 사람이 남아 있다. 바로 자기 자신이다. 스스로를 사랑하고 칭찬하고 격려하는 마음을 입 밖으로 표현하는 것은 그 무엇보다 중요하다.

어떤 칭찬을 하고 싶은가. "나는 정말 소중한 사람이야!" "나는 정말 현명해!" "이 세상에 나만큼 성실한 사람은 없어!"라고 말해주자. 어떤 고백을 하고 싶은가. "나로 태어나서 다행이야!" "이제까지 열심히 잘 견딘 만큼 더 많이 사랑할게." "남들에게 인정받는 훌륭한 사람이 되어줘."라고 고백하자.

타인에게 인정받으려 하기 전에 스스로를 격려하고 칭찬해 주자. 스스로를 믿고 의지하는 마음이 그대에게는 가장 큰 힘이 될 것이다. 시험에 합격했다거나 좋은 성과를 거둔 특별한 날은 물론이거니와 마음이 약해져 있거나 불안할 때라면 더 큰 격려가 될 것이다.

만인에게 평등하게 주어진 언어, 누구나 공유할 수 있는 저작료 없는 언어는 많이 사용한다고 해서 비용을 치를 염려도 없다. 보고 싶었던 누군가여도 좋고, 무뚝뚝하고 고지식한 상사여도 좋고, 평소에 소중함을 느끼지 못했던 누군가라면 더욱 좋다. 그대의 따뜻한 마음을 마음껏 고백해 보자. 그 상대는 고백을 듣는 순간만큼은 이 세상에서 가장 고귀한 사람이 되는 것이다.

누군가 먼저 사랑한다고 말해 주기를 기다리는가. 내가 먼저 고백한다고 해서 결코 부끄러워하거나 자존심 상해할 필요 없다. 먼저 고백할 수 있는 사람이 오히려 더 넓고 따뜻한 심장을 지닌 사람이다.

사랑한다고 고백해라. 그 대상이 타인이든 자기 자신이든 진심으로 사랑한다고 고백해 보아라. 인생의 밑바닥에 추락했어도 다시 일어설 수 있게 해주는 단 한 마디가 무엇인지 깨닫게 될 것이다.

누군가 먼저 사랑한다고 말해 주기를 기다리는가.
먼저 고백할 수 있는 사람이
오히려 더 넓고 따뜻한 심장을 지닌 사람이다.

그대를
위로해 주는 것

인간이 아무리 오래 산다고 해도 200년을 넘길 수는 없다. 고작 100년도 다 채우기 어려운 생애를 살면서 우리는 별의별 일들을 겪으며 지쳐간다. 이렇게 끊임없는 역경의 삶을 살아갈 때 우리는 누구나 위로를 필요로 한다.

 인생이란 바다는 언제 어디서 무자비한 바람이 휘몰아칠지 가늠할 수 없다. 태풍이 닥치기 전 어부들이 배를 부두에 단단히 묶어두는 것처럼, 시험을 앞둔 학생들이 밤새워 시험공부를 하는 것처럼, 인생의 고통과 시련의 폭풍우가 몰아치기 전에 우리는 위로가 되는 것들을 준비해 두어야 한다. 불안정하기 그지없는 현실 속에서 위로가 되어주는 것이 없다면 언제 어떻게 폭풍우에 쓸려버릴

지 알 수 없다.

특히 서른은 격정적인 파도가 몰려오는 시기이다. 취업을 하고, 결혼을 하고, 더 넓은 세계를 향해 헤쳐 나가야 하는 시기이다. 허허벌판에서 외로이 칼바람을 막아내야 하는 안타까운 처지이다. 서른의 찬란함이 고통과 슬픔에 빛을 잃기 전에 자신에게 위로가 되어줄 것들을 찾아보라.

막막하던 마음이 편안해지고 안도할 수 있게 해주는 것, 그것이 바로 위로이다. 누구에게는 사물일 수 있고, 누구에게는 사람이기도 하고, 또 누구에게는 보이지 않는 무형의 무엇일 수 있다. 어떤 것이라도 좋으니 자기 자신에게 위로가 되는 것들을 서너 개 이상 찾아놓길 당부한다.

지금은 햇볕이 내리쬐는 맑은 날처럼 평화로운 일상을 살아간다 해도 언제 갑자기 비바람이 몰아치게 될지, 언제 천둥 번개가 내려칠지 모를 일이다. 그대가 오늘은 비탄에 잠겨 있더라도 내일은 희망찬 행운을 맞이할 수도 있고, 오늘은 세상을 다 가진 듯 기쁘다 해도 내일은 고통의 눈물을 흘리게 될지도 모른다는 사실을 늘 상기하라. 그래야 불행에게 갑자기 뒤통수를 얻어맞더라도 당황하지 않고 침착할 수 있다.

우리 앞에 놓인 삶에는 이별의 시간들이 준비되어 있다. 사랑하는 사람, 행복한 순간들과 이별해야 하는 어쩔 수 없는 순간이 다가올 것이다. 그때 슬픔을 이겨내고 다시 또 살아갈 힘을 줄 무엇이 있다면 얼마나 큰 위안이겠는가. 그대에게 가장 큰 위로가 무엇인지 생각해 보라. 스스로를 지탱해줄 든든한 것이 무엇인지. 그대가 달려가 쉴 수 있는 마음의 안식처가 어디인지.

더 늦기 전에, 더 나이 들기 전에, 뒤늦게 후회하기 전에 그대를 지킬 수 있는 대상을 찾아야 한다. 그대가 눈을 떠 찾는다면 그 어디에나 꿈과 희망과 웃음을 지킬 수 있는 일은 있게 마련이다. 위로받고 가슴이 따뜻했던 경험을 가진 사람은 다른 사람에게도 위로의 손길을 나누어줄 수 있다. 이기적인 말처럼 들리겠지만 나만의 안식처를 갖는다는 것은 자신과 타인을 위한 최고의 선행이다.

타인의 마음을
이해하기 위한
방법

대개 사람들은 아침에 일어나 세수하고 나서 거울을 통해 자신의 얼굴 상태를 점검하곤 한다. 안색이 좋은지 어쩐지 확인한 뒤, 하루를 시작하는 마음을 다진다. 그대는 언제 거울을 바라보는가.

 상상을 즐기는 나는 가끔 이런 상상을 해본다. 있는 그대로의 모습을 비추는 거울처럼 사람들의 마음을 비춰주는 거울이 있다면 얼마나 좋을까? 마음속에 어떤 생각들이 있는지를 볼 수 있다면 그에 맞춰 대응할 수 있을 테고, 서로 얼굴 붉히거나 싸울 일도 없을 텐데……. 이런 동화 같은 상상이 현실로 이루어질 수 있다면 인류는 얼마나 행복해질까.

 하지만 이런 기대는 지구가 태양이 되기를 바라는 것만큼이나 무모하고 황당한 상상에 불과하다. 다른 이의 마음을 읽을 수 있다면 그의 삶을 있는 그대로 이해할 수 있겠지만, 우리의 현실은 타인의 마음을 알 수도 없거니와 오해로 인한 불신의 상황들이 끊이질 않는다. 누군가의 마음을 훤히 꿰뚫어볼 수 있는 마법의 거울은 어디에도 없다.

  자기 자신도 제대로 알기 어려운데 타인을 이해하고 객관적으로 판단하기란 쉬운 일이 아니다. 그래서 때로는 그런 노력을 포기해 버리기도 한다. "아무도 내 맘을 모르듯이 나 역시 그 누구도 이해할 순 없어." 하면서 타인과의 거리를 좁히려는 노력 자체를 포기하는 것이다. 그러나 사람과 사람이 함께 살아가는 세상에서 그 누구에게도 이해받지 못하고 그 누구도 이해하지 않는다면, 그것만큼 쓸쓸한 삶은 없을 것이다.

  인간은 결코 홀로 살아갈 수 없는 사회적 동물이다. 그래서 가정을 이루고 사회를 구성하여 서로 협력하기도 하고 경쟁하기도 한다. 그러한 환경에서 지혜롭게 살아가기 위해서는 자신을 비롯하여 타인의 마음이나 생각을 이해하기 위한 노력을 멈추어선 안 된다. 나와 다른 사람들의 마음을 이해하려 노력하는 것은 삶의 중요한 미덕인 것이다.

  그렇다면 어떻게 해야 타인의 마음을 이해할 수 있을까?

  첫째는 관심이다. 그 사람에 대한 특별한 관심을 가지고 있어야 한다. 어떤 상황에서 그가 어떻게 반응했는지, 무엇을 평소에 좋아하고 싫어하는지에 대해 알고자 노력해야 한다.

둘째는 깨끗한 마음이다. 나의 마음이 깨끗하고 순수해야 다른 이의 마음을 제대로 볼 수 있다. 깨끗하게 닦지 않은 거울이 대상을 온전히 비출 수 없듯이, 또 투명하지 않은 창문으로는 바깥에서 무슨 일이 일어나는지 확인할 수 없듯이 마음도 스스로 깨끗하지 않으면 타인을 헤아리기는커녕 오히려 왜곡된 시선과 감정에 사로잡힐 것이다.

셋째는 의지이다. 무슨 일을 이루고자 하려는 강인한 의지는 다른 이의 마음을 읽고자 할 때에도 꼭 필요한 덕목이다. 아무런 의지가 없었을 때는 결코 볼 수 없었던 것들이 서서히 윤곽을 드러내게 될 것이다. 예를 들어 그대가 누군가의 마음을 알고자 하는 의지를 가지고 있다면, 화를 내는 상대의 마음속에 분노뿐만 아니라 그대를 향한 깊은 애정이 숨겨져 있음을 느낄 수가 있다. 이런 것은 굳이 물어보거나 확인하지 않아도 알 수 있는 것이다.

이처럼 그대가 타인의 마음을 읽고자 하는 강한 의지를 지니고서 거짓 없는 관심을 상대에게 보인다면 좀 더 넓은 마음을 지닐 수 있을 것이다.

그대의 경우를 떠올려보라. 그대의 복잡한 마음을 알아주는 누군가로부터 따뜻한 말과 친절한 배려를 받았을 때의 가슴 찡한 마음을 기억하는가? 사랑하는 이들을 더 이상 무관심의 그늘에 방치해 두어선 안 된다. 그들의 마음을 읽을 수 있다면 어긋났던 관계도 회복시킬 수 있다. 성급히 판단하거나 포기하지 말고 참을성 있게 그들의 마음을 이해하려고 노력하라. 타인을 존중할 줄 아는 마음을 가졌을 때 그들 역시 그대의 결점까지도 사랑하고 포용해 줄 것이다.

사랑의 손길로
마음을 표현하라

"손을 대어 여기저기 주무르거나 쥐다"라는 뜻을 지닌 '만시나'라는 말은 주로 호기심을 충족시키기 위한 손동작이지만, 관심과 애정의 표현방식이기도 하다. 나는 그대가 이러한 '스킨십'에 좀 더 익숙해지길 바란다.

  그대에게 가장 친밀한 관계인 어머니를 떠올려보자. 어릴 적엔 스스럼없이 뽀뽀도 하고 품에 안겨 재롱도 떨었을 텐데, 세월의 나이테가 하나 둘 생기게 되면 겸연쩍고 쑥스러워서 스킨십을 하지 않게 된다. 아마 그대는 이렇게 생각할 것이다. '굳이 표현하지 않아도 다 아시겠지. 내가 엄마를 얼마나 사랑하고 있는지. 어린애도 아닌데 유치하게 행동으로 표현할 수는 없잖아?'

과연 그럴까? 그런 생각은 마치 당신을 향해 노려보는 누군가에 대해 이렇게 생각하는 것과 같다. '나를 향해 냉정한 표정으로 노려보고 있지만 그 마음은 다르다는 것을 알아. 날 안아주고 다독거려 주고 싶은 마음일 거야.'

표현하지 않으면 그 마음을 전달하기 어렵다. 아무리 낳아주고 길러주신 분이라 할지라도, 나에 대해 가장 잘 알고 있는 분일지라도 그대에게 섭섭하고 야속하게 느낄 수 있다. 언제 어머니의 두 손을 정답게 잡아드렸는가. 아직도 어머니를 안아주고 사랑한다고 고백하지 못했는가. 이제는 앙상해져 가는 팔다리를 자주 주물러 드려라.

다른 이들에게도 마찬가지다. 평소와 달리 어깨가 처지고 눈가에 그늘이 드리운 친구에게는 어깨 위에 손을 얹어 그대의 위로를 전하라. 괴로워하는 선배나 후배에게 따뜻한 포옹으로 격려해 주어라. 그동안 소홀했던 연인의 두 손을 잡고 눈빛으로 사랑을 전해보라.

사랑의 기운이 가득 담긴 그대의 손길은 상대뿐만 아니라 본인에게도 위로가 될 것이다. 옛말에 "주는 대로 받는다."는 속담이 있지 않은가. 그대가 사랑을 주면 사랑으로 돌려받게 될 것이다. 설령 그대가 보낸 사랑이 무시되었다 하더라도, 적대와 냉소로 되돌아왔다 해도 걱정하지 말라.

누군가를 사랑한다는 건 상대가 행복해지길 바라는 마음이다. 그에게 아무 것도 원하지 않을 수 있는 순수한 마음이다. 물론 그대의 진심은 지금이 아니라도 언젠가는 이해받을 날이 올 것이다. 진짜 사랑의 마음이란 상대가 괴로워할 때 같이 아파하는 것이고, 그가 눈물을 흘릴 때 같이 울어줄 수 있는 마음이다.

또한 그 마음의 표현이 바로 만져주는 것이다. 말로만 "좋아해." "사랑해." 하지 말고 육체의 언어를 사용해 보자. 아무 말 없이 손을 잡아주고 어깨를 쓰다듬어주고 눈물을 닦아주어라. 그 어떤 위로의 말보다 더 큰 힘이 될 수 있다. 세월이 지난 어느 날, 그대는 남을 위로함으로써 크나큰 사랑을 받았음을 깨닫게 될 것이다.

말투는
그대의
인격이다

별들마저 검은 장막 뒤에 숨어버린 어두운 밤, 새로운 나를 만나고자 책 속의 스승들과 대화를 나누고 있던 내게 불의의 사고가 일어났다. 오늘이 며칠이지? 하는 생각이 끼어들어 무의식적으로 달력을 바라보다가 아차, 책장을 넘기던 손에서 피가 배어났다. 책을 읽다가 책장에 손을 베일 수도 있다니. 그 얇은 종이 한 장이 피부를 스쳐 붉은 피를 냈다는 사실이 신기할 뿐이었다. 마치 삶을 살아갈 때의 어떤 경고를 받은 것처럼 느껴졌다. 순간적인 방심이 큰 실수를 불러올 수 있다는 교훈을 주는 것 같았다.

얇은 책장이 손을 베듯이 우리의 언어도 상처를 만들 수 있다. 별 생각 없이 무심코 내뱉은 말이 상대방의 가슴에 상처를 주는 경우가 그렇다. 사실 우리는 그러한 실수를 자주 저지르며 살지 않는가. 의도적으로 고통을 주려는 뜻은 없었다 해도 상대의 마음을 덜 배려하는 순간 말은 이미 쏘아버린 화살처럼 상대의 마음에 꽂히고 마는 것이다.

말투 역시 마찬가지다. 퉁명스럽거나 거칠게 쏘아붙이는 말을 듣기 좋아하는 사람이 어디 있겠는가.

집에서 엄마가 아이에게 "얘야, 밥 먹어라." 하고 나긋나긋한 목소리로 말하면 아이는 기쁜 마음으로 수저를 든다. 하지만 "밥 먹으란 말이야!" 하고 윽박지르듯 소리친다면 아이는 먹고 싶었던 밥도 먹기 싫어질 만큼 감정이 상할 수 있다.

이렇게 같은 내용이라 해도 억양이나 표정에 따라서 엄청난 차이가 있다. 뿐만 아니라 말을 어떤 투로 하느냐에 따라서 그 사람에 대한 인상이 결정되기도 하며, 심지어 인격까지 노출되기 때문에 우리는 말할 때에 각별히 주의를 기울여야만 하는 것이다.

많은 사람들이 무의식중에 형성된 나쁜 버릇들로 인하여 자기 본래의 심성과는 전혀 다르게 말하곤 한다. 나부터도 말을 상냥하게 해야겠다고 마음먹은 지 하루도 안 되어 화난 목소리로 투덜거리는 나를 발견할 때가 종종 있다. 의식하고 있어도 제어하지 못하고 거친 말투가 튀어나오는데, 늘 상냥하고 겸손하게 말하는 사람을 보면 얼마나 노력했을까 하는 마음에 존경스럽기까지 하다.

무슨 일이든 하고자 하는 신념을 가지고 노력하면 이룰 수 있다.

입술을 여는 그 순간을 기억하라.
되도록 친절하게, 되도록 상냥하게 말할 것.
나의 내면에서는 상냥한 말만 세상 밖으로
새어 나갈 수 있다고 스스로에게 약속하라.

말하는 방법을 한순간에 바꾸기 어렵다면 점차적으로 상냥하게 말하는 시간을 늘려보는 연습을 해보는 것도 좋다. 30분, 한 시간, 하루, 일주일…… 그렇게 의식적으로 노력해 본다면 언젠가는 자연스럽게 자신의 입에서 나오는 모든 말들이 감미로운 선율처럼 부드러워질 것이다.

모든 관계는 말에서 비롯되어 말에서 끝날 수 있다. 나라는 존재가 귀하고 내 몸이 소중하듯이 당신 앞에 지금 마주한 사람도 귀하고 소중한 존재임을 잊지 말아야 한다. 말 한마디를 하더라도 온화한 사랑의 마음을 담아 상냥하게 할 때 그대는 스스로 높이지 않아도 남들이 존경하고픈 인물이 될 것이다.

수많은 영향을 주고받을 수밖에 없는 인간관계에서 인생의 희로애락이 비롯된다. 따라서 타인이 기뻐하면 나도 즐거워지고 타인이 슬프면 나도 우울해질 수 있다. 서로를 위해 상대방의 얼굴에 미소가 번질 수 있도록 조금 더 노력해 보자.

입술을 여는 그 순간을 기억하라. 되도록 친절하게, 되도록 부드럽게, 되도록 상냥하게 말할 것. 나의 내면에서는 상냥한 말만 세상 밖으로 새어 나갈 수 있다고 스스로에게 약속하라.

더 이상
사랑할 수
없을 때를
생각하라

이제 막 사춘기에 접어든 아이에게 엄마의 걱정은 파리 떼의 윙윙거림처럼 귀찮은 잔소리일 뿐이다. 매일 '공부하라'는 말을 듣는 것도 지겹고, 저녁에 조금 늦게 들어오기라도 하면 '어딜 갔다오느냐' 다그치는 것도 간섭이라고 생각한다. 집이 감옥처럼 답답하게 여겨지고 하루라도 빨리 자유로운 세상으로 뛰쳐나가고 싶어 미칠 지경이다.

  갱년기에 들어선 엄마는 어떠한가. 존재감 없이 살아왔다는 자괴감이 밀려든다. 애들은 다 컸다고 예전처럼 고분고분히 따르지 않고 제멋대로다. 품안의 자식이라 한다지만 멀어져가는 자식들을 보노라면 슬픔이 목울대를 치고 올라온다. 남편은 늘 곁도는 이방인 같다. 좋은 옷 한 벌 사 입지 못하고 그토록 가족을 위해 헌신하며 살아왔건만 남은 건 무력하고 늙은 몸뚱이뿐인 것 같아서 서러운 눈물이 난다. 가끔 결혼은 왜 했을까 하는 후회마저 들고 혼자서도 잘 사는 싱글들을 바라보면 절로 한숨이 나온다.

아빠는 늘 불안이라는 달갑지 않은 녀석과 함께한다. 눈에 보이지 않는 경쟁 속에서 실적을 쌓아야 하는 데다 언제 직장에서 쫓겨날지 알 수 없기 때문이다. 요즘 휴대폰 문자로 해고 사실을 통지하는 회사가 있다는 기사가 유난히 신경 쓰인다. 밑에서 치고 올라오는 후배들에게 밀려 퇴직이라는 벼랑으로 내몰리는 기분이다. 매일 다람쥐 쳇바퀴처럼 출근과 퇴근을 반복하는 이놈의 패턴에도 이젠 넌덜머리가 난다. 아내는 다른 남편들과 자신을 비교하며 은근히 압력을 가하고 아이들은 아빠 보기를 앞집 강아지 보듯 할 뿐이다. 가끔 자신이 돈을 벌어오도록 조립된 첨단 로봇은 아닐까 하는 생각마저도 든다.

이러한 풍경은 오늘날 가정의 슬픈 자화상이다. 식사 시간을 제외하고는 한자리에 모여 오순도순 대화하는 시간이 없다. 그저 한 집에 기거하는 각기 다른 세계를 지닌 사람들일 뿐이다. 이들에게 나는 해주고픈 말이 있다.

"더 이상 사랑할 수 없을 때를 생각하라."

시간이 흐르면 지금의 것들은 낡고 퇴색되며 아득히 잊힌다. 그리고 언젠가는 더 이상 누군가의 이름을 불러줄 수도 없고 사랑해

줄 수도 없을 때가 올 것이다. 그때는 우리가 이 지상에서 마지막 숨결을 토해내는 순간으로, 왜 더 많은 이들을 용서하지 못했을까, 왜 그 사람을 더 많이 사랑해 주지 못했을까 하는 후회가 밀려들 것이다. 더 이상 사랑할 수 없을 때가 조용히 다가오고 있음을 인식하라. 이것은 자연의 순리이다. 생성과 소멸의 영원한 순환으로부터 누구도 벗어날 수 없다.

사랑하는 사람과 이별해야 하는 시간은 늘 저만치서 검은 입을 벌리고 기다리고 있는데 정작 우리는 곁에 있는 이들에 대해서는 그 소중함을 잘 느낄 수가 없다. 너무 가깝고 친밀하기 때문에 더 사랑해야 한다는 사실을 자각하지 못하는 것이다. 사실 우리 모두는 사랑을 애타게 갈구하고 있다. 자기가 사랑하는 사람에게서 더 많은 관심을 받고 싶고, 조금 더 마음을 터놓고 이야기하고 싶어 한다.

이기적이던 그대의 옛 모습은 이젠 잊어라. 나만을 위해 살아왔던 생활태도를 이제는 과감히 바꾸어라. 그대의 사랑을 기다리고 있는 그들을 진지하게 돌아보라. 맛있는 음식이 생기면 같이 먹고, 좋은 물건이 생기면 나누어주고, 좋은 책을 읽으면 선물하라. 짧은 메모를 통해 그대의 마음을 전하라.

마음의 길은 어수선하다. 맑은 햇살이 비추다가도 검은 먹구름이 갑자기 드리우고 굵은 빗방울이 예고 없이 떨어지기도 한다. 그 길 위에는 수많은 이들이 다녀간 발자국들이 찍혀 있다. 그대의 마음을 어지럽히는 그들의 발자국 때문에 힘도 들겠지만, 한편 그 발자국 때문에 그대는 외롭지 않을 수 있었던 것이다. 하늘이 더 이상 삶을 허락하지 않을 때, 그 슬픈 시간이 오기 전에 가까운 사람들에게 시선을 돌려보아야 한다.

소음도
음악소리로
들을 수 있는 마음

　한창 글쓰기에 집중하고 있는 시간, 화장실에서 이상한 소리가 새어나와 정신을 흩뜨려놓고 있다. 며칠 전부터 변기에서 쪼르륵 쪼르륵 하고 늙은이 소변 보는 소음이 나고 있다. 가만 생각해 보니 이사온 지 얼마 안 되었을 때 이 소리를 들었던 것도 같다. 그렇다면 그때부터 지금껏 변기는 소음을 내고 있었다는 것. 그때는 왜 이 소리를 인식하지 못했던 것일까?
　어느덧 나는 변기에서 들리는 소리에 예민해지고 있었다. 수천 개의 뾰족한 손톱이 나를 잡아 뜯는 것 같아 점점 더 견디기 힘들어졌다. 그렇다고 수리를 하자니 비용이 만만치 않았으므로 당분간 소음과 함께 지내야만 할 처지였다.

고칠 수 없는 변기의 소음 대신 나의 생각을 고쳐보기로 마음먹었다. 울창한 산림이 우거진 깊은 계곡에서 흘러내리는 맑고 시원한 물소리라고 생각하니, 변기의 소음이 정말 계곡의 물소리처럼 들리기 시작했다. 단지 생각을 바꾸었을 뿐인데 엄청난 변화가 찾아온 것이다. 긍정적으로 생각하니 순식간에 가슴의 멍울이 풀리고 저절로 미소가 지어지게 되었다. 일부러 계곡에 찾아가지 않고도 집 안에서 청량한 계곡의 물소리를 들을 수 있는 행운을 얻은 것이다.

요즘 그대를 가장 거슬리게 하는 일, 우울하게 만드는 일은 무엇인가? 생각만 해도 머리가 지끈거리고 침울하게 만드는 걱정거리들, 끈질기게 수면 위로 떠올라서 잔잔한 마음에 파동을 일으키는 과거의 일들, 그런 고통을 유발하는 기억들을 억지로 바꿀 수는 없다. 따라서 본인이 노력하지 않으면 이 상황은 저절로 전환될 수 없다.

그대 스스로 마음을 바꾸는 것이 가장 현명한 대처법이다. 듣기 싫은 소음을 상쾌한 계곡물 소리로 듣는 것과 같이, 그 어떤 대상이라 해도 그대 마음 하나로 바꿀 수 있다. 잿빛 현실 속에서도 장밋빛 미래를 꿈꾸고, 어두운 절망 속에서도 빛나는 희망의 무지개를 보길 바란다.

'나는 무엇이든 할 수 있다'고 굳게 믿어라. 그대는 그렇게 할 수 있다. '나는 내가 원하는 사람이 될 수 있다'고 확신하라. 소음마저 음악소리처럼 즐길 수 있는 마음의 여유를 갖는다면 어떤 역경의 불화살이 날아와도 웃으며 피할 수 있을 것이다.

시련이 닥칠 때면 하늘이 커다란 축복을 주기 위해 오늘 힘든 시련을 안겨준다고 생각하라. 그대에게 해를 끼치는 그 어떤 상황도 그 어떤 사람도 허락하지 말 것, 그 어떤 괴로운 순간이 닥쳐도 스스로 헤쳐나갈 수 있는 강인한 마음을 가질 것, 오로지 그것만이 그대가 관심을 가져야 할 일이다.

가치 있는
일을 위하여
'헌신'해 보자

'헌신'이란 무엇인가. 위엄 있게 검은 장정을 두른 두둠한 국어사전에게 물어보니, 이렇게 정의하고 있다. "어떤 일이나 남을 위해서 자기의 이해관계를 돌보지 아니하고 몸과 마음을 다하여 힘씀."

"몸과 마음을 다하여"라니, 심히 부담스런 의미가 아닌가.

 사람들은 저마다 누군가를 돕기 위해 또는 의미 있는 일을 실천하고 싶어 한다. 하지만 이 '아름다운 삶'을 막상 실천하기란 만만치 않은 일이다. 아무런 금전적 보상이나 그에 상응하는 대가를 기대하지 않고 최선을 다한다는 게 생각처럼 쉽지 않은 탓이다. 간혹 그렇게 훌륭한 일을 한 사람들이 있어 뉴스 시간에 미담으로 소개되기도 하지만, 흔치 않은 일이다. 그보다는 남의 돈을 횡령했다거나 장부를 조작하여 탈세한 기업들에 대한 기사들이 넘쳐나는 게 우리의 현실이다.

우리를 둘러싼 환경은 날이 갈수록 험악해지고 있다. 현실적으로는 환경오염으로 인한 문제가 크겠지만 그것보다 더 무서운 것은 점점 더 타락해져 가는 인간의 마음이다. 우리는 물질 만능주의의 물결에 휩쓸려 양심과 도덕을 금전에 사고파는 세속에 익숙해지고 있다.

그러나 아직 우리 세상에는 현실과 타협하지 않고 자신의 존엄을 지키는 사람들이 있다. 자신의 능력을 돈으로 환산하기보다는 세상의 그늘 속에서 묵묵히 선한 가치에 '헌신'하는 존재들이 있다. 그대는 어느 쪽을 선택할 것인가. 태어나고 죽는 것은 자신이 선택할 수 없는 숙명이지만, 어떻게 살 것인가는 자기 선택의 몫이다. 선한 가치를 위해 기쁜 마음으로 자신의 삶을 헌신할 수도 있고, 타인을 희생양으로 삼아 자신의 부귀공명을 추구할 수도 있다.

어떤 선택이 어떤 결과를 초래할지는 아무도 알 수 없다. 더욱이 복잡한 현실 속에서 무엇이 옳고 그른지를 분별하는 것조차 쉽지 않다. 결국 자기 안에 밝혀놓은 불빛을 믿고 그 불빛을 따라갈 일이다. 세상을 원망하고 남을 탓하지 않으려면 자기 안의 가치를 믿어야 한다.

가치 있는 일이란 그대가 어떤 일을 할 때도 행복하고, 하고 난 뒤에도 향기로운 행복감이 머무는 일이다. 가치 없는 일은 그 일을 할 때나 이후에나 개운하지 않은 자책감을 느끼게 하는 일이다. 일시적인 성공을 통해 순간적인 쾌락을 느낄 수는 있겠지만 결코 지속되지 않는다. 그것은 무가치한 일이며 남에게 해를 끼칠 수도 있다는 사실을 스스로 느끼기 때문이다. 양심과 도덕을 던져버리는 일에 헌신적으로 임한 사람에게는 혹독한 사후(死後) 평가가 뒤따른다. 더 늦기 전에, 아직 살아 있을 때 그대는 어떤 삶에 헌신할 것인지 고민해야 한다.

지난날을 되돌아보면 나는 누군가의 헌신을 밑거름 삼아 성장해 왔다. 특히 어머니의 희생이 가장 지대하다. 어머니는 홀로 5남매를 키우기 위해 단 하루도 편히 쉬지 못한 채 손발이 나무껍데기처럼 될 정도로 논밭에서 일하셨다. 그러한 어머니의 숭고한 희생이 없었더라면 지금의 나는 결코 있을 수 없었을 것이다. 너욱이 어머니는 늘 내게 훌륭한 사람이 될 것이라는 용기를 심어주셨다. 단 한 번도 딸의 재능을 폄하하지 않으셨고 늘 능력 이상의 칭찬을 해주셨다. 네가 하고자 한다면 반드시 해낼 거라는 그 말씀은 내게 주술과도 같은 힘이었다.

우리는 부모님 외의 다른 많은 이의 헌신에 빚을 지고 있다. 나라를 지키기 위해 초개와 같이 목숨을 던진 애국지사들이 없었더라면, 오늘날의 첨단 의료기술을 개발하기 위한 과학자가 없었더라면 이미 많은 사람들은 세상의 빛을 보지 못했을 것이다. 보이지 않는 곳에서 이 세상의 평화와 생명을 위해 헌신하신 분들에게 진

그대가 누군가에게 선행을 베풀면
그는 또 다른 누군가에게 향기로운 선행의 씨앗을
퍼뜨리게 될 것이다. 그 어떤 보상이나 대가를
바라지 말고 좋은 일에 헌신하라.

심으로 감사할 일이다.

평범한 사람으로서 우리가 실천할 수 있는 '헌신'은 거창한 것이 아니다. 인류를 위해 헌신한 위인들과 같이 살 수도 없을뿐더러 그럴 능력도 없다. 다만 자기가 감당할 수 있는 일상의 헌신을 해보자는 것이다. 안타까운 상황에 처한 친구를 도와주었는가? 소년소녀 가장을 돕기 위해 기부해 보았는가? 장애인을 돕는 일을 해보았는가? 이렇듯 실천 가능한 선행을 하고 돌아설 때 느끼는 뿌듯한 감정은 값비싼 물건을 구입했을 때 느끼는 충족감과는 질적으로 다른 감정이다.

그대가 누군가에게 선행을 베풀면 그는 또 다른 누군가에게 향기로운 선행의 씨앗을 퍼뜨리게 될 것이다. 그 어떤 보상이나 대가를 바라지 말고 좋은 일에 헌신하라. 그대가 오늘 행하는 헌신이 누군가를 죽음의 문턱에서 구할 수도 있고, 세상을 아름답게 변화시키는 귀중한 촉매제가 될 수 있음을 기억하라.

행복은
도전과 연습의
산물이다

우리는 얼음판 위에서 수천 번 넘어지는 연습의 과정을 거쳐 세계적인 피겨스케이팅 선수가 된 소녀, 또 강인한 의지와 집념으로 세계 최고의 수영선수가 된 소년을 알고 있다. 두 선수는 이제 갓 20대를 넘긴 나이에 세계 정상에 우뚝 섰다. 많은 사람들은 이 두 사람의 성과에 갈채와 격려를 보내며 '브라보!'를 외친다.

누구나 자신의 목표를 위해 노력하는데 왜 어떤 사람은 성공하고 어떤 사람은 실패할까? 물론 기본적으로 타고난 재능의 차이 때문이기도 하지만 더 중요한 것은 얼마나 철저히 연습했느냐가 결과를 만든 것이라고 생각한다.

우리의 삶도 마찬가지다. 운동선수가 좋은 기록을 위해 더 새롭고 더 어려운 기법을 연습하듯이 행복을 위한 도전과 연습이 필요하다. 삶에서 행복한 순간은 자주 찾아오지 않을 뿐만 아니라 그 순간도 짧다. 나머지는 크고 작은 역경을 극복하는 과정이며 지루한 일상의 반복이다. 이 과정을 건너뛰거나 소홀히 한다면 행운의 순간이 찾아왔을 때 그 짜릿한 행복의 감정을 느끼기 어려울 것이다.

행복이란 감정은 저절로 얻어지는 게 아니다. 감나무 아래서 입을 벌리고 홍시가 떨어지길 바라는 것처럼 어리석은 짓이다. 스스로 행복한 사람이 되기를 바라는 간절한 마음이 가슴속에 있어야 하고, 그렇게 되기 위해 실질적인 노력을 게을리해서는 안 된다.

그렇다면 행복하기 위해 어떤 노력을 해야 할까?

첫째는 인내할 줄 아는 법을 깨우쳐야 한다. 아무리 똑똑하고 아무리 일을 잘한다 해도 스스로의 감성을 통제하지 못하면 소용이 없다. 지치고 힘들 때 포기하려는 마음을 이길 수 있는 힘, 타인과 대립할 때 감정적으로 행동하지 않을 수 있는 힘, 진정한 실력을 쌓기 위해 수없이 연습하고 또 연습할 수 있는 힘을 키워야 한다.

둘째는 유머러스한 감각이다. 어떤 일을 하든 즐거운 상황이 되어야 효율도 성과도 높은 법이다. 그러한 분위기를 이끌 수 있는 힘은 바로 유머 감각이다. 누군가 재미있는 이야기를 할 때 즐겁게 웃을 수 있는 마음, 또 심각하거나 침울할 때 농담 한마디로 분위기를 전환시킬 수 있는 마인드가 필요하다. 스스로 넉넉해질 수 있어야 다른 사람들도 그대를 믿고 따를 수 있다. 웃음은 웃음을 낳고, 웃을 수 마음은 여유와 안정을 낳는다. 웃음은 긍정적인 상황을 낳고 부드러운 관계를 낳고 아름다운 세상을 낳는다. 그것이 바로 행복해지는 가장 직접적인 방식이 아닐까? 행복하기 때문에 웃는 게 아니라 웃음으로써 행복해지는 것이다.

세 번째는 자신을 사랑하는 것이다. 자신을 진정 사랑하지 않는 사람에게 인내란 고달픔이며 유머란 가식에 불과하다. 사랑하는 자신을 위해 진심으로 인내하고 웃을 수 있어야 한다. 우울한 마음이 들지 않도록 자주 거울을 보며 자신감 있는 표정을 지어보라. 또한 영혼을 풍요롭게 해줄 일들에 시간과 돈을 투자하라. 스스로를 돌볼 줄 아는 사람이 다른 사람에게도 정성을 다할 수 있는 것이며, 세상과 소통할 수 있다. 자신에 대한 애정을 바탕으로 하지 않으면 타인의 아픔과 고통에 진심으로 공감할 수 없는 것이다.

생각만 해도
심장이 뛰는
꿈을 품어라

세상에서 가장 불쌍하고 측은한 사람은 과연 어떤 사람일까? 대개 우리는 돈이 행복의 기준이라고 생각하곤 하는데, 과연 돈 없는 사람들은 모두 불행할까? 그렇지 않다. 불행한 사람은 재산이 없는 사람도 아니고, 교육을 받지 못한 사람도 아니며, 명예가 없는 사람도 아니다.

가장 동정 받아 마땅한 사람은 바로 꿈이 없는 사람이다. 돈 없고 건강하지 않아도 꿈이 있다면 노력으로써 이룰 수 있다. 그러나 꿈이 없는 사람은 아무리 많은 돈을 쓰고 살아도 허무할 것이며, 아무리 건강한 체질을 타고났다고 해도 무의미할 것이다. 그야말로 허깨비와 다름없는 인생이라 할 수 있다.

꿈은 삶의 알맹이라고 할 수 있다. 꿈이 없는 사람은 관중 없는 무대이며, 글자가 없는 책이다.

그대는 지금 어떤 꿈을 꾸고 있는가.

"벌써 서른인데요. 새삼 무슨 꿈이 필요할까요?"

"풋풋한 스무 살이라면 모를까, 이미 늦었어요. 서른 살에 꿈꿀 수 있는 건 아무것도 없어요."

이렇게 말하는 사람은 자신이 젊다는 사실을 망각한 사람이다. 마치 인생을 다 산 것처럼 말하지만 서른이란 살아온 세월보다 살아야 할 세월이 훨씬 많은 나이다. 그들은 20대를 지나면 꿈꿀 수 없다는 편견에 빠져 아무 목표도 없이 하루하루를 무기력하게 살아갈 수밖에 없다.

몇 번이나 강조하지만, 서른 살은 인생의 황금기이다. 무모한 열정과 패기의 시기를 지났기 때문에, 자기만의 아집과 독선에 빠질 만큼 늙지 않았기 때문에 그 무엇이든 시도할 수 있다. 주변을 보라. 정년퇴임 후 새로운 분야에 뛰어들어 노익장을 과시하는 이도 흔히 볼 수 있고, 노인대학에 입학하여 향학열을 불태우는 백발의 청춘도 얼마나 많은가. 서른 살은 모든 면에서 희망을 걸 수 있는 푸르른 나이다.

할 수 있다면 높고 위대한 꿈을 가져라. 자신의 전부를 걸고 싶은 꿈이라면 더욱 좋다. 약간의 노력으로 성취할 수 있는 것은 꿈이 아니다. 그것은 단순한 '목표'일 뿐이다. 단 한 번 살 수 있는 인생에서 가장 소망하는 것, 절체절명의 순간에도 버릴 수 없는 것, 늘 염원하는 것이 바로 꿈이다. 꿈은 영혼이 다다르고자 하는 최고의 유토피아인 것이다.

꿈을 이루고 싶다면 소가 되새김질하듯 계속 생각하라. 이루고자 하는 구체적인 내용을 노트에 기록해 두고 틈나는 대로 꺼내보며 상상하라. 읽을 때마다 3D 입체화면처럼 생동감 넘치는 그림이 머릿속에 그려지면서 자신감이 생겨날 것이다. 그 자신감이 강한 의지를 발동시켜 고난과 시련의 순간마다 그대를 일으켜줄 것이며 지친 심신을 다독여줄 것이다. 그리고 다시 힘찬 발걸음을 내디딜 수 있게 해줄 것이다.

생각만 해도 심장이 뛰는 꿈을 품어라. 그 꿈은 어둔 밤하늘 높게 빛나는 별처럼 그대가 가야 할 방향을 안내할 것이다. 감았던 눈을 떠서 하늘을 주시하라. 그러면 아무것도 보이지 않는 캄캄한 밤하늘 속에서 그대를 위해 반짝거리는 별이 나타날 것이다. 그 별빛을 따라 한 발 한 벌 걷다 보면 어느새 그대가 이르고자 했던 그곳에 도착할 것이다.

어쩔 수 없는
일들에 대하여

우리가 꽃이나 나무가 아닌, 사자나 호랑이가 아닌 두 발로 걷는 동물로 태어난 것은 어쩔 수 없는 운명이다. 또 태양을 중심으로 공전하는 지구라는 행성에서 태어난 것도, 유럽이나 아프리카도 아닌 한반도에서 나게 된 것도 어쩔 수 없는 일이다. 때가 되면 누구나 예외 없이 소멸되는 것도 어쩔 수 없는 일이며, 사랑하는 순간이 계속되지 않는 것도 어쩔 수 없다.

 세상에는 인간의 힘으로 어찌할 수 없는 일들이 이토록 많다. 이런 생각이 들 때면 인간이란 얼마나 무력한 존재인지 허무해지기도 하지만, 달리 생각하면 겸허해지기도 한다. 만물의 영장도 자연의 순리 앞에 고개를 조아리고 '불가항력'이라는 한계를 받아들이는 순간인 것이다.

'어쩔 수 없는 일'을 놓고 가슴앓이를 하는 사람들이여, 혼신의 힘을 다해서 이룰 수 있는 일이라면 최선을 다해야 할 것이나, 아무리 노력해도 불가능한 일이라면 깨끗이 포기할 줄도 알아야 한다. 그대의 꿈은 쓸데없는 고민이어서도 안 되고, 그대의 노력은 무모한 도전이어서도 안 된다.

포기한다고 해서 자책하거나 좌절할 필요는 없다. 때로 포기란 냉철하고 분별력 있는 지혜가 되기도 한다. 꿈을 지니며 살되, 그대의 일상을 혼란스럽게 하는 집착에 사로잡혀선 안 된다.

우리가 눈을 감았다 눈을 뜨는 찰나의 순간도 다시는 붙잡을 수 없는 시간이다. 생명의 푸른 입자들이 헛되이 새어나가지 않도록, 우리에게 부여된 시간이 부질없이 낭비되지 않도록 해야 한다. 새털같이 많은 시간도 언젠가는 끝나고 마는 것이 인생이다. '어쩔 수 없는 것'에 대한 미련을 버리고 좀 더 생산적이고 긍정적이고 보람 있는 일들을 계획하라. 이것은 운명의 길에 복병처럼 숨어 있던 불행들을 씩씩하게 물리치게 해준 나의 지침이다. 그대에게도 의미 있는 충고가 되기를 바란다.

반성에
늦은 나이란
없다

우리는 의식적이든 무의식적이든 잘못을 범하며 살아간다. 그것은 초대하지 않은 손님처럼 달갑지 않은 일이지만 부족한 인간으로서 겪는 자연스러운 현상이기도 하다. 짧다면 짧고 길다면 긴 인생, 부침(浮沈) 많은 행로에서 잘못을 저지르지 않고 완벽하게 살아갈 수 있는 사람은 아무도 없다. 그러나 스스로 잘못을 합리화시키고 정당화시켜서는 안 된다.

잘못을 저질렀을 때 우리가 비난하는 것은 잘못 그 자체가 아니라 스스로 반성하지 않는 태도이다. 다시는 같은 일이 되풀이되지 않도록 반성하느냐, 아니면 인정하지 않고 어물쩍 넘어가려고 하느냐에 따라 그의 삶은 큰 차이를 빚을 것이다.

인격이 높은 사람은 자신의 잘못을 발견했을 때 반성하고 개선하기를 두려워하지 않는다. 혼자 있는 조용한 시간이면 상대방에게 무심코 상처가 될 수 있는 말을 했는가, 책임져야 할 일을 다른 핑계를 대어 미루지 않았는가, 무분별한 행동으로 주변사람들에게 피해를 끼치지 않았는가, 스스로 잘못했던 일들이 파노라마처럼 펼쳐질 때 피하지 않고 반성의 기회로 삼는다.

누가 보아도 잘못한 일에 대해 스스로 인정하지 않고, 오히려 그보다 더 심한 잘못을 서슴없이 저지르는 사람들이 있다. 무엇이 잘못인지 깨닫지 못한다면 그러한 비극적 악순환을 겪을 것이다. 더 큰 잘못을 미리 예방하기 위해서라도 반성의 습관을 키워야 한다. 반성에 늦은 나이란 없다. 지금부터라도 자신을 되돌아보는 자성의 시간을 가져보길 바란다.

마음속으로 다짐하는 것보다 눈에 잘 띄는 곳에 결심을 메모해 둔다면 더욱 효과적이다. 왜 그런 행동을 했는지 생각해 보고, 다시는 그런 잘못을 반복하지 않도록 각인하기 위한 장치다. 그래서 나의 집에는 여기저기 반성의 메모가 붙어 있다. 컴퓨터 옆이나 거울, 텔레비전, 싱크대 앞에도 반성의 글이 적힌 메모를 붙여둔다. 맨 처음 적을 때의 마음을 되새겨보면서 개선의 의지를 다져보곤 한다.

자존심 상하고 인정하고 싶지 않더라도 스스로를 합리화해서는 안 된다. 자기의 양심마저 속이는 순간 돌이킬 수 없는 죄의 길로 들어서는 것이다. 스스로의 잘못을 기꺼이 뉘우치고 개선해 나가는 사람은 행복한 인생을 위한 기초공사를 튼튼히 할 줄 아는 현명한 사람이다.

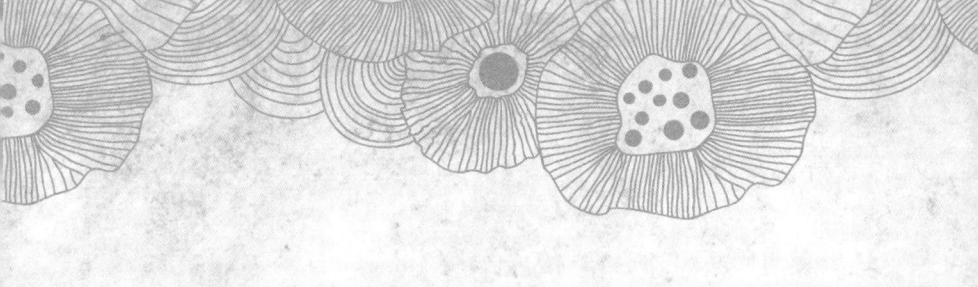

제3장

서른,
생각을
발효시켜라

신뢰할 수 있는
사람이 되라

 사람이 사람을 믿지 못하는 것만큼 외로운 일이 있을까. 의심의 눈초리를 번득이면서 나 이외의 모든 사람을 경계해야 한다면 불안해서 어떻게 살아갈까 싶다. 그러나 불신을 키우는 우리 사회의 구조적 모순은 사람들 간의 소통을 방해한다. 또 소통의 부재로 인해 믿음이 얇아지는 악순환이 거듭되고 있다.

 어떤 사람은 비록 그가 진실을 이야기할 때조차 믿음이 가지 않을 때가 있다. 반면 어떤 사람은 그가 거짓을 말하고 있다고 해도 믿고 싶어질 때가 있다. 이 두 사람의 차이는 무엇일까? 아마 평소 그들이 보여준 신뢰도 때문일 것이다. 믿음이 가는 사람은 지금까지 진실하고 정직한 언행을 했을 것이며, 상대가 어떤 사람이든 간에 약속을 소중히 지키려고 노력했을 것이며, 사람을 차별하지 않고 공평하게 존중했을 것이다. 그가 배웠든 못 배웠든, 지위가 높든 낮든 사람에 따라 태도를 바꾸지 않았을 것이다.

지금까지 타인으로부터 신뢰를 얻지 못하고 살아왔다면 그것은 전적으로 자신의 책임이다. 이제부터라도 불신을 초래하는 습관들과 결별하려는 노력을 해야 한다. 다이아몬드 원석이 하나의 빛나는 보석이 되기까지 수많은 연마의 과정을 거치듯이 스스로 빛나는 존재가 되고 싶다면 진솔한 관계를 위해 부단히 노력해야 한다.

가깝게 지내는 사람에 대한 태도부터 고쳐보자. 우선 친하다는 이유로 상대에게 폐를 끼치거나 피해를 감수하도록 해서는 안 된다. 약속시간에 늦었으면서 미안해하지 않았거나, 돈을 빌린 뒤에 갚지 않고 차일피일 미룬 적이 있는가? 신뢰받고 싶다면 약속시간 5분 전에 미리 나가도록 하고 조금이라도 늦었다면 미안하다고 사과하라. 작은 돈이라도 꾸었다면 갚을 수 있을 때 지체하지 말고 갚아야 한다.

또 사람들 앞에서 그 자리에 없는 누군가를 비판하지 않기를 바란다. 그런 옹졸한 태도는 그대를 믿을 수 없는 사람으로 만들 뿐이다. 웬만하면 사람들의 단점보다는 장점을 부각함으로써 자신의 아량을 넓혀야 한다.

서로가 아무런 의심 없이 신뢰할 수 있는 세상은 얼마나 아름다운가. 그대가 일상에서 어떻게 행동하고 어떻게 말하고 있는지 스

서로가 아무런 의심 없이
신뢰할 수 있는 세상은 얼마나 아름다운가.
그대가 일상에서 어떻게 행동하고
어떻게 말하고 있는지 스스로 경계하라.

스로 경계하라. 믿음직한 사람이 되기 위해 늘 정직과 관용과 인간성을 지키려 노력하는 것은 아름다운 실천이다.

  서른 살은 인생의 기초를 확고히 다져가는 시기이다. 지금부터라도 진정성을 갖고 사람들과 소통한다면 그대는 사랑받는 사람, 사회에 없어서는 안 될 소중한 사람으로 거듭날 수 있다.

마음이라는 우물을 정화하는 법

 마음은 행동의 거울이다. 자신을 반추하여 삶의 방향을 제시해주는 마음이 오염되어 있다면 그 행동 또한 맑지 못할 것이다.
 또 마음은 우물과 같다. 맑은 물이 샘솟는 우물은 마을에 사는 사람들을 건강하게 하지만 오염된 우물은 사람들을 병들게 한다. 마음이라는 우물에서 맑은 희망을 건져낼 수 없다면 우리는 병든 삶을 살 수밖에 없는 것이다.
 우리에게는 새벽이슬처럼 맑은 마음, 푸른 물이 뚝뚝 떨어질 것 같은 가을 하늘의 마음, 순수한 영혼만을 비추는 마음이 필요하다. 그리고 투명한 마음을 가꾸는 노력이 필요하다.
 그렇다면 어떻게 해야 맑고 투명한 아름다운 마음을 가꿀 수 있을까?

첫 번째는 마음이라는 우물을 더럽힐 수 있는 요소를 차단하는 것이다. 병을 치료하는 가장 좋은 방법은 예방이란 말이 있듯이, 조금이라도 마음을 혼탁하게 하는 것들에 대해서는 의식적으로 방어벽을 만들어놓아야 한다. 우선 저속한 문화를 멀리하라. 말초신경을 자극하는 문화는 진정한 쾌락이 아니라 타락과 불건전한 생활로 유혹하는 달콤한 독이다. TV프로그램을 고를 때 웬만하면 건강한 웃음과 훈훈한 감동을 선사하는 휴먼스토리나 교양 프로를 선택하자. 지나친 음주생활이나 불건전한 취미도 경계해야 한다.

두 번째는 마음의 우물을 청소하는 것이다. 문틈 사이로 비집고 들어오는 찬바람처럼 그대의 마음에 부정적인 생각이 날아들지 못하도록 관리해야 한다. 그러려면 귀찮더라도 항상 마음을 깨끗이 청소할 수 있는 빗자루가 필요하다. 잠시 동안의 고요한 명상이 바로 빗자루가 될 것이다. 명상은 불결한 생각의 찌꺼기들을 밖으로 쓸어버리는 좋은 도구이다.

건강한 육체에 건강한 정신이 깃들 듯이 깨끗한 마음에 행복한 삶이 깃들게 마련이다. 물론 인생을 살아가다 보면 다양한 유혹에 홀리기도 하고 자칫 불건전한 생활에 탐닉할 수도 있다. 그러나 깨끗한 마음을 가진 사람이라면 쉽게 동요되지 않을 것이다.

혼란과 방황을 끝내고 막 서른에 도착한 그대, 지금까지의 어리석은 행동습관을 교정하자. 마음이 더 이상 오염되기 전에, 더 이상 저속해지기 전에 그대의 품성을 고양시키는 노력을 해보자.

순리로
받아들여라

사람들은 나이가 들어갈수록 젊어지고 싶은 욕망에 시달린다. 특히 주름이 지기 시작한 여성들은 보송보송한 피부에 집착한다. 그러나 보톡스를 맞고 주름제거 수술을 받는다고 해도 풋사과처럼 싱싱했던 시절로 되돌릴 수는 없다. 이미 촉촉하고 탱탱했던 젊은 시절은 지난 것이다.

  존재하는 모든 것들은 세월에 따라 낡고 거칠어지고 쇠약해진다. 사랑 또한 그러하다. 연애를 시작할 때는 만나기 전부터 심장이 두근두근하고 설레지만 세월이 흘러 서로 익숙해지면 그 설렘은 사라지고 만다. 이젠 손을 잡고 키스를 해도 심장이 떨리지 않고 슬슬 다른 이성에게 눈길이 가기도 한다. 그러면서 사랑이 식은 걸까? 마음이 변한 걸까? 하고 자책하기도 한다. 하지만 사랑의 감정은 영원하지 않다. 오히려 그래서 우리는 영원한 사랑을 꿈꾸는지도 모르겠지만, 영원한 사랑이란 '영원히 사랑하기 위한 노력의 산물'일 것이다.

봄이 오면 뜰에 파릇한 새싹이 돋고, 여름이 되면 그 새싹은 푸르게 자라나 무성한 수풀을 이루고, 가을이 깊어지면 낙엽이 되어 쇠락하고, 겨울이면 빈 가지만 앙상해진다. 모든 생명은 그렇게 변해간다. 어느 순간 태어나 조금씩 성장하고 조금씩 죽어간다. 여기서는 많은 사람들의 축복 속에 누군가 탄생하지만, 저기서는 누군가 많은 이들의 눈물 속에서 굴곡진 삶을 마감한다. 생명은 모두 죽음을 향해 진행한다.

순리를 받아들여라. 시작이 있으면 반드시 끝이 있다는 진리를 수긍할 수 있을 때 인생의 참맛을 느낄 수 있게 되는 것이다.

젊고 아름다웠던 시절을 그리워하되, 나이 들어가는 과정도 그대가 거쳐야 할 삶의 길이다. 눈가에 늘어가는 잔주름을 보며 한숨을 짓고 있는가? 세월에 따라 변화하지 않는 것은 부자연스러운 일이다. 노화는 자연스러운 변화의 과정이며 오히려 그대가 성숙해지고 있음에 감사하라.

서른은 이제 여름의 단계일 뿐이다. 한창 푸른 잎과 꽃향기를 뿜낼 수 있는 계절이다. 아직 가을과 겨울이 남아 있음에 감사할 일이다. 누구나 공평하게 겪을 수밖에 없는 자연의 법칙을 차라리 즐기자. 이 시기를 즐길 수 있다면 다른 변화도 담담히 맞이할 수 있고, 더 깊은 인생의 묘미를 찾아낼 수 있을 것이다. 그대가 포기하지 않는 한 삶의 아름다움은 끝이 없다.

진정한
부자가
되는 길

 어느 나라나 마찬가지겠지만 사회에는 가난한 계층과 부유한 계층이 존재한다. 우리 사회의 빈부 격차는 실로 극심한 편이어서, 가난한 사람들은 평생 일해도 집 한 채 갖기 힘들 지경이다. 대졸 이상의 고학력 실업자는 이미 40만 명을 육박하고 대기업이 운영하는 대형 마트와 중형 마트(SSM)에 밀려 문을 닫아야 하는 처지의 자영업자들이 속출하고 있다. 당장의 생계를 걱정해야 하는 빈곤층은 점점 늘어만 가고 있다.
 많은 사람들은 가난한 처지를 벗어나는 방법은 오로지 '돈'밖에 없다고 생각한다. 그래서 돈이 모든 것을 해결해 주는 것처럼 생각하곤 한다. 그러나 돈은 물질적인 부(富)일 따름이다. 돈만 많다고

해서 부자가 되는 것이라면 하늘은 우리에게 구태여 지혜와 이성 그리고 꿈을 향한 열정을 줄 까닭이 없을 것이다. 물질적인 기준으로만 따진다면, 가난하지만 마음은 넉넉한 사람을 어떻게 설명할 것인가. 진정한 부자는 정신이 풍요로운 사람이라고 생각한다.

그렇다면 마음이 가난한 사람은 어떤 사람인가.

첫째 만족할 줄 모르는 사람이다. 그들은 자신이 가진 것과 자신의 위치에 만족하지 못하고 더 많은 돈과 더 큰 명예를 탐내는 사람들이다. 그들은 마실 물이 눈앞에 있어도 갈증에 시달리는 것처럼 남의 재물을 쟁취하려 애쓸 뿐 자기의 삶을 즐기지 못하는 사람들이다.

둘째 자기밖에 모르는 사람이다. 남을 위해서는 돈 한 푼도 아깝고 1분도 내줄 수 없는 이기주의자들이다. 누군가를 위해 자기를 희생하는 것의 가치를 이해하지 못하는 이런 사람들은 그 누구에게도 사랑받지 못하는 부류라고 할 수 있다. 아무에게도 감사와 존경을 받지 못하는 사람만큼 가난한 사람이 또 있을까.

셋째 부정적인 사람이다. 이들은 주어진 삶에 감사할 줄 모르며 세상을 불신한다. 주변 사람들을 믿지 못해 의심할 뿐만 아니라 자기의 진정한 가치도 부정해 버리고 만다.

마음이 부자인 사람들은 어떤 진귀한 보물들을 가지고 있을까? 그것은 바로 인간과 삶에 대한 겸손함이다. 자신을 겸허히 낮추고 타인을 진심으로 대할 줄 아는 마음이다.

그렇다면 어떻게 해야 우리는 진정한 부자가 될 수 있을까? 내가 가진 것들에 감사하고 허황된 욕심에 휘둘리지 않는 소신을 가져야 한다. 물질적인 부와 세속의 명예를 좇기보다는 정신의 안락과 만족을 얻기 위해 노력하는 자세가 필요하다.

  진정한 부자가 되는 길이 쉽다고 말할 수는 없다. 눈에 보이지 않는 내적인 가치를 획득하는 것은 현실의 이익을 추구하는 것보다 복잡하고 엄격하기 때문이다. 그러나 물질로 채울 수 없는 진정한 기쁨과 행복을 원한다면 먼 길을 간다 해도 힘들지 않을 것이다. 아무리 많이 베풀어도 바닥을 드러내지 않는 화수분처럼 타인과 나눌 줄 아는 마음의 부자가 되길 바란다.

시련을 극복한 사람은
남의 아픔을
이해할 수 있다

사람이란 풀꽃처럼 나약한 존재다. 혼자의 지혜로는 풀 수 없는 문제들, 혼자의 의지로는 풀 수 없는 감정들로 인해 우리는 수없이 절망하고 좌절한다.

이런 위기에 빠져 있을 때 그대는 누구에게서 위로를 받는가? 아마도 그대를 잘 이해할 수 있는 사람, 그대와 같은 아픔을 경험해본 사람, 이제는 그 고통으로부터 탈출하여 자기만의 지혜를 얻은 사람일 것이다. 절망과 좌절의 순간을 이겨낸 사람만이 다른 사람의 아픔을 이해할 수 있고 치유할 수 있기 때문이다.

시련이란 성실하고 치열한 삶을 살아가는 사람에게만 허용되는 성장통과 같은 것이다. 아무 고민도 갈등도 없는 사람에게는 사랑의 기쁨도 없고 이별의 슬픔도 없기 때문에 정신적인 성숙도 불가능하다. 따라서 어떤 식으로든 고통을 경험해 보지 않고서는 삶을 이해할 수 없다.

인류사는 고난과 극복의 역사이며, 인간의 고통과 치유의 기록들이라고 해도 과언이 아니다. 고통 받는 이를 위로해 주는 이들이 있었기에 인간은 삶의 무수한 역경을 극복하고 찬란한 문명을 이룰 수 있었다. 따라서 지금 이 순간 누군가의 조언을 통해 절망에서 헤어난 사람들은 아름다운 역사를 장식할 이들이다.

한때 삶의 수렁에 빠져 괴로운 나날을 보낼 때 나에게 구원의 손길을 뻗쳐준 이들이 있었다. 책 속에서 만난 저자들이 바로 그들이다. 직접 내 손을 잡아주거나 눈물을 닦아준 것은 아니었지만 그들이 겪은 무수한 역경의 이야기에 감동했고 용기를 얻었다. 그리고 그들이 알려준 지혜를 실제 생활에서 실천할 수 있게 되었다. 그 결과, 나를 사로잡고 있던 고통의 사슬들을 끊어내고 자유로워질 수 있었다.

그 무렵 책 속의 수많은 선배들은 나보다 더 큰 좌절을 극복한 이들이었으며, 그들이 깨우친 사람과 세상에 대한 깊은 이해를 나에게 전수해 주었다. 지금도 그들에 대한 나의 존중은 여전하다.

서른 살 그대여, 시련이 그대의 등 위에 채찍을 뿌리는가? 피할 수 없다면 쓰러질 때까지 채찍질을 당하라. 그 고통과 슬픔과 분노의 바닥을 느껴보라. 그때 그대에게 따뜻한 손을 내미는 누군가를 발견할 것이다. 그 손을 잡고 수렁에서 빠져나왔을 때 그대는 새로운 사람으로 태어나는 것이다.

시련이 닥치면 두려워 피하려고 하기보다 맞서야 한다. 비록 그대가 절망의 구렁텅이에 빠진다 해도 그대는 더 강인한 사람으로 거듭날 수 있다. 시련의 뜨거운 불길 속에서 뼈가 녹아내리는 고통을 겪어본 사람, 절망 속에서 처참하게 허우적거려본 사람일수록 따뜻한 사람이 될 수 있다. 그는 누구에게든 따뜻한 손을 내밀 수 있는 사람인 것이다.

위안이란 진심으로 걱정해 주는 위로의 말 한마디일 수도 있고, 한 폭의 풍경화일 수도 있고, 영혼을 위무하는 노래 한 곡일 수도 있고, 일생을 바쳐 쓴 한 권의 자서전일 수도 있다. 그 형식은 무엇이든 간에 그 내용만큼은 고통을 겪고 있는 사람들을 위한 위로가 아니겠는가?

그대도 누군가에게 위안을 줄 수 있는 사람이 될 수 있다. 조그마한 삶의 지혜라도 나누어주고 사람들의 고통을 들어주는 것만으로도 얼마든지 따뜻한 위로가 된다. 마음만 먹는다면 방법은 무궁무진하지만 그대가 지닌 재능을 살려보는 게 가장 빠르다. 예컨대 요리를 해줄 수도 있고, 피아노 연주를 들려줄 수도 있고, 책을 읽어줄 수도 있을 것이다. 타인에게서 얻은 위안의 힘을 다른 사람에게 베풀어야 한다.

아침마다
감사하기

우리는 몇 시간, 아니 몇 분 후의 일조차 알 수 없는 나약하고 불완전한 존재다. 언제 어떤 일이 벌어질지 알 수 없는 막연함 속에서 아슬아슬하게 살아갈 뿐이다. 그러나 매일 새롭게 시작되는 아침을 맞으며 어제와는 다른 삶을 설계하곤 한다.

'아침'은 우리에게 소중한 의미를 전하는 때이다. 깊은 잠에서 깨어나는 시간, 새로운 하루를 시작하는 시간이기 때문이다. 따라서 잠에서 깨어나 다시 하루를 살 수 있다는 사실에 감사할 일이다. 오늘의 아침을 맞지 못하고 삶을 마감했을 어떤 이들을 생각하라. 저절로 겸허해질 것이다. 오늘은 바로 그들의 내일이었음을 기억하라. 한순간도 헛되이 보낼 수 없는 시간이다.

이렇듯 중요한 아침을 맞이할 때 하루를 준비하는 특별한 자세가 필요하다. 전쟁터와 같은 삶의 현장에 나가기 위한 각오라고 할 수도 있고, 초대한 손님을 맞이하는 주인의 태도라고 할 수도 있겠다.

우선 창문을 활짝 열어젖히고 시원하게 환기를 시켜라. 간밤의 묵은 공기들이 묵은 생각들과 함께 빠져나가고, 새 활력이 싱싱한 공기를 타고 들어오도록 말이다. 그리고 기쁘고 좋은 일들이 일어날 것이라는 긍정적인 기대를 품어라. 부담스럽거나 불쾌한 일이 생기더라도 아침공기처럼 맑은 정신으로 슬기롭게 대처할 수 있다는 의지가 생겨날 것이다. 오늘이 생애 최고의 날이 될 것을 기대하라. 꿈을 향해 최선을 다하고, 어제보다 활기차게 살아갈 것을 결심하라.

아침마다 자신의 현재 상황을 점검하라. 어제의 부족했던 점을 원망하거나 탓하지 말고, 실패한 것을 후회하지 말고, 그대에게 상처를 준 일들도 다 잊어야 한다. 찌그러진 삶이든, 상처 입은 삶이든, 고독한 삶이든, 서른 살의 그대는 매일 아침 새롭게 끌어갈 수 있는 힘을 키워야 한다. 그러한 의지가 그대를 성숙하게 할 것이며 뒤따라오는 후배들에게도 모범이 될 것이다. 한 사람이 발휘하는 긍정의 에너지는 다른 이들에게도 전달된다는 점을 잊어선 안 된다.

어둠의 장막이 걷히고 황홀한 아침이다. 생명의 기쁨을 한껏 누려보라. 새로운 아침을 맞이하여 열심히 살 수 있는 시간이 주어진

오늘의 아침을 맞지 못하고 삶을 마감했을
어떤 이들을 생각하라. 저절로 겸허해질 것이다.
오늘은 바로 그들의 내일이었음을 기억하라.
한순간도 헛되이 보낼 수 없는 시간이다.

것을 감사하라. 오늘은 살아 있는 자들의 날, 그대의 날이다. 어제 무슨 일이 있었는지 신경 쓰지 말라. 내일 어떤 일로 골치를 앓을까 미리 염려하지 마라.

서른 살의 아침을 준비하라. 그리고 힘차게 시작의 종을 울려라. 이제 그대의 발 앞에 세상이 펼쳐질 것이다.

나와의
데이트를
즐겨라

지금 나는 한 마리 노랑나비처럼 포근한 봄의 잉가슴에 안겨 있다. 어디선가 날아온 어린 참새가 플라타너스 가지 위에서 쨱쨱거리는 소리를 듣고 있다. 꿈인가 생시인가 싶을 만큼 꿈결 같은 현실이다.

 꽃향기가 온 거리를 뒤덮는 시절이 오면 사람들의 가슴은 여린 꽃잎처럼 설렌다. 그리하여 거리에는 선남선녀들로 그득하다. 기대에 부푼 표정과 웃음기 어린 그들의 표정을 볼 때면 나도 따라 가슴이 설렌다.

 이성(異性) 간의 만남도 좋지만 혼자만의 데이트는 어떨까? 누군가와 함께하는 대신 자기 자신과 사귀듯이 만나보는 것도 좋을 듯싶다.

우리는 늘 남들과 대화하면서 그들을 이해하려고 하지만 정작 진정한 자신을 만날 기회는 거의 없다. 혼자라고 해서 무조건 외로운 것은 아니다. 자기를 되돌아보는 충만한 대화를 나누고 있다면 더 이상 외톨이가 아닌 것이다. 오히려 그 어떤 데이트보다 더 진솔한 만남이 될 것이다.

아내, 남편, 부모님, 자식, 친구들 이전에 그대에게 가장 가깝고 그대를 가장 잘 알고 있는 사람은 바로 그대이다. 생일날 누군가로부터 축하받기를 기대하기보다는 스스로 축하하고 스스로 기념해 보는 것은 어떨까.

이 세상에서 가장 중요한 사람은 누구인가. 윤리, 종교, 철학, 이념, 문화를 다 초월해서 자기 자신일 뿐이다. 왜냐하면 '나란 존재가 없으면 세상도 있을 수 없기 때문이다. 그대가 바로 우주 그 자체인 것이다. 육체적으로 정신적으로 내가 건강하고 행복해야 주변사람들도 나로 하여금 건강해지고 행복해지게 된다.

아무리 바빠도 한 달에 한 번 자신과 데이트 하는 날을 정해 놓고, 그날만큼은 오롯이 혼자만의 데이트를 즐겨보자. 평소 먹고 싶었던 음식을 먹어보고, 극장에 가서 영화도 해보고, 꼭 해보고 싶었던 여행에 도전하라. 이성과 데이트할 때보다 더 사랑스럽게 꾸미고 하루를 알차게 자신과 지내보도록 하는 것이다.

자신을 사랑하고 아끼는 방법을 터득한 사람은 인생의 바다에서 시련의 파도가 닥쳐와도 절대 중심을 잃거나 쓰러지지 않는다. 모든 사람들이 등을 돌리고 짓밟아도 언제나 든든한 삶의 주체인 자기 자신이 있기 때문이다. 항상 자신에게 관심을 기울이고 살뜰히 보살펴주어라. 슬프거나 우울하진 않은지, 외로워하거나 불안하진 않은지 늘 점검하여 스스로를 다독여주어라. 긍정적인 마음을 지닐 수 있도록 스스로를 위로하고 격려하라.

자기를 사랑하는 마음을 행동으로 표현해야 한다. 남에게는 배려해 주면서 스스로에게는 물과 햇볕을 주지 않는 것은 자기 방치와 다름없다. 그대에게 가장 어울리는 데이트 상대는 그대 자신임을 잊지 말라.

생각을
발효시켜라

　우리의 전통음식인 된장, 고추장, 간장, 김치 등의 발효식품들이 건강에 무척 이롭다는 것은 널리 알려진 사실이다. 콩, 고추, 배추 등속의 재료는 날것으로 먹어도 좋지만 된장이나 김치로 만들면 훨씬 더 맛깔스럽고 훌륭한 음식이 된다. 또 이 음식들은 발효과정에서 효소의 작용으로 각종 항암물질은 물론 건강에 이로운 성분이 생성된다 하니 놀라울 따름이다.

　전통음식처럼 우리의 생각도 발효될 수는 없을까? 발효는 물론 짧은 시간에 이루어지는 것은 아니다. 구수한 된장이 탄생되기 위해서는 콩을 물에 불리고 끓는 가마솥에서 끓인 다음 메주로 만들어져 한동안 건조되고 발효되는 과정이 필요하다. 이 과정에서 누룩이 생기면 비로소 항아리 안에서 소금과 함께 인고의 시간을 거쳐야만 한다.

우리의 생각도 이렇게 여러 단계의 숙성 과정이 필요하다. 머릿속 생각을 바로 꺼내면 풋내가 날 수 있다. 풋내 나는 음식을 먹을 수 없듯이 제대로 숙성 발효되지 못한 생각은 잘못된 언동을 유발하고, 타인들로부터 인정받지 못하고 외면당하는 결과를 초래한다. 발효되지 않은 생각은 결국 자기 자신에게도 부끄러운 기억으로 자리 잡게 될 것이다. 뿐만 아니라 발효되지 못한 날것의 생각에 기반한 행위들은 또다른 불화를 일으키는 원인이 될 것이다.

생각을 발효시키는 효소가 있다면 그것은 무엇일까? 그것은 타인을 배려하는 이해심, 타인과 더불어 관계 맺는 포용심, 자아실현을 위한 인내심, 세상 모든 사물에 대한 자비심 등이 아닐까 싶다.

깊은 맛을 내는 김장김치처럼, 구수하고 영양 많은 된장처럼 서른 살 그대도 생각을 발효시켜라. 생각이 인식이 되고, 인식은 철학이 되고, 철학은 행위가 되고, 행위는 새로운 반성을 낳고, 반성은 다시 생각을 낳는다. 그대, 이런 발효의 효과를 직접 체험해 보도록 하자.

내가 아닌
다른 사람으로
살아본다면?

우리는 내가 아닌 다른 사람의 삶을 살 수 없다. 이름, 외모, 부모, 고향 등의 고유한 조건과 환경이 각자의 '나'를 형성하기 때문이다. 그래서 그런지 배우들은 드라마나 영화 속의 인물로 살아볼 수 있다는 것이 직업의 매력이라고 한다.

 나 이외의 삶을 살 수 없기 때문에 우리는 다른 환경에서 성장한 타인을 이해하지 못하는 경우가 많다. 그것은 마음이 열려 있거나 닫혀 있거나 하는 차원의 문제는 아니다. 가장 확실한 방법은 그들의 삶을 살아보는 것이겠지만, 현실에서는 불가능한 노릇이다. 이럴 때 유일한 대안은 '상상'이다.

 '내가 아닌 다른 사람으로 살아본다면?' 하는 상상은 꽤 즐거운 탐험이다. 이제 상상의 날개를 펴고 같이 날아보자.

 길거리에서 꾀죄죄한 몰골로 구걸하는 사람을 보았다고 하자. 그 걸인이 바로 자신이라는 생각으로 살아온 내력을 그려보자. 병든 부모에게서 태어나 물려받은 재산이라고는 몸뚱이 하나뿐인 그대. 그대는 학교도 제대로 다니지 못해 변변한 직업도 구할 수 없었다. 불행은 불행을 부르는지, 어쩌다 건설현장에서 자재를 나르다가 부상을 당해 졸지에 불구가 되었다. 취직은커녕 방 한 칸도 없이 지하철역에서 생활하게 된 그대는 배고픔과 추위에 시달리며 하루하루를 견디고 있다.

 자, 무엇을 느끼고 어떤 반성을 하게 되는가. 아마 지하철역에 웅크리고 있는 이들을 볼 때면 저절로 지갑에서 지폐를 꺼내게 되지 않을까?

 이번에는 친밀한 상대로 상상의 나래를 펼쳐보자.

 그대가 결혼하지 않은 여성이라면 그대의 어머니가 되어보자. 나이 들어 낳은 자식이라 모든 것을 다 줘도 아깝지 않을 만큼 사랑한다. 형제자매도 없이 홀로 키운 게 한없이 안쓰럽고 미안할 뿐이다. 그런데 온순했던 딸이 예전과는 달리 반항적으로 변했고 혼기 꽉 찬 나이에 결혼할 생각을 않는다. 그대가 결혼하라고 하면 짜증을 내며 잔소리한다고 야단이다. 매일 늦은 밤에 귀가하는 남편에게서는 가끔 낯선 향수 냄새가 날 때가 있다. 그대는 갱년기 증상에 우울증까지 겹쳐 각종 약을 복용하는 신세다.

자, 그대의 어머니가 아직도 귀찮게 느껴지는가. 외로운 어머니의 심정을 조금이라도 헤아릴 수 있겠는가?

이처럼 그대가 남편이라면 아내가 되어보고, 그대가 부모라면 자식이 되어보고, 그대가 선생이라면 학생이 되어보고, 회사원이라면 직장 상사가 되어보자. 그대가 그동안 이해할 수 없었던 상대의 언행들과 태도에 대해 새로운 입장을 확인할 수 있을 것이다. 이로써 서로의 입장을 역지사지하는 아량을 조금씩 넓혀간다면 그대는 그릇 넓은 사람이 될 수 있을 것이다.

늙은 빗자루가
들려주는 지혜

집 안이 어지럽혀져 있으면 마음도 답답해지는 편인지라 나는 아침식사 후 청소를 하는 편이다. 마치 전쟁터에 나가는 병사처럼 결연한 표정으로 총을 빼어들 듯 빗자루를 집어들곤 한다.

키 작은 서랍장과 벽 사이의 모서리에 옹색하게 서 있는, 아니 가까스로 기대어 있는 늙은 빗자루. 나는 진공청소기 대신 이 낡은 수수 빗자루를 애용한다. 진동하는 기계음보다 가만가만 먼지를 한데 모으는 방식이 좋기 때문이다.

박스테이프에 자루 부분이 둘둘 휘감긴 나의 수수 빗자루는 오랫동안 나와 함께 일해 왔다. 몇 달 전 자루 중간이 꺾여버린 것을 테이프로 친친 감아놓고 써왔는데, 이제는 꺾인 부분의 황토색 속살이 드러나 두 동강이 나기 일보 직전의 상태가 되었다. 곧 버려질 운명에 처한 빗자루를 보노라니, 그 삶이 눈물겹다.

하지만 사랑에 빠진 사람처럼 허리가 잘린 빗자루가 자꾸 아른거리고 신경이 쓰이는 것은 어쩔 수가 없다. 사실 못쓰게 되는 것이 어디 빗자루뿐이겠는가. 셀 수 없이 많은 소모품에 우리의 일상이 유지되고 있지 않은가.

그러한 수명이 다한 사물에서 나는 인간에 대한 연민을 느끼게 된다. 우리도 언젠가는 더 이상 걸을 수 없게 될 것이고, 더 이상 기억할 수 없게 될 것이다. 인간으로서의 기능을 상실하게 될 때 누군가로부터 버림받는다는 것은 얼마나 슬픈 일인가.

버림받기 전에 스스로 집착의 사슬을 끊고 삶을 고단하게 하는 것들을 놓아주어야 한다. 그 집착이란, 생활 유지에 필요한 돈보다 더 많은 돈을 모으려는 것, 누군가와 나누기 위해서가 아니라 오로지 자기만을 위해 살고자 하는 것, 욕심을 버리지 못하는 것, 인생의 즐거움을 누리지 못한 채 일에 빠져 사는 것, 육체적 쾌락만을 추구하는 것······.

나의 손에 이리저리 끌려다니며 제 임무를 충실히 수행한 늙은 빗자루 앞에서 한없이 부끄러워지는 마음 가눌 길이 없다. 제 일을 다 마치고 내 곁을 떠나는 모든 것들이 들려주는 이야기에 귀를 기울여라. 그것이 늙은 빗자루든 헌 양말이든, 중요한 것은 마지막을 슬퍼해줄 수 있는 마음에 지혜가 깃들 것이다.

당근 싹이
들려주는 지혜

 음식을 요리할 때 쓰고 남은 당근의 밑동은 버려진다. 그런데 우연히 식물백과사전에서 당근 싹의 싱그러운 모습을 보게 되자 문득 당근을 키워보고 싶다는 마음이 생겼다. 그래서 물을 담은 작은 접시 안에 당근 밑동을 넣고 햇볕이 잘 드는 거실 귀퉁이에 모셔 놓았다. 처음에는 호기심이었지만 하루가 다르게 자라나는 초록색 새순을 보니 점점 애정이 생기게 되었다.
 참 이상한 일이었다. 마치 당근 싹이 연인처럼 자꾸 보고 싶고 그리워지는 애틋한 존재가 되어버렸다. 외출했다 돌아오면 당근 싹부터 들여다보게 되고, 아이를 돌보듯 매일 깨끗한 물을 갈아주고 씻겨주는 일이 일상의 우선순위가 되어 있었다.

그렇게 지내는 동안 참으로 평화로움을 느낄 수 있었다. 호수에 피어난 물안개처럼 고즈넉한 안정이 찾아온 것이다. 당근 하나, 그것도 밑동만 남겨진 것이 이렇게 커다란 위안을 줄 수 있다는 사실은 상상조차 하지 못했다.

당근 싹을 기르는 것은 너무 쉬워서 '일'이라고 할 수도 없다. 정원도 필요 없고 화분도 필요치 않다. 그저 한 국자 정도의 물을 담을 그릇만 있다면, 잡초를 뽑아내거나 비료를 주거나 할 필요도 없이 잘 자라주기 때문이다. 가끔 새 물로 바꿔줄 때면 고맙다고 연초록 머리카락을 반갑게 흔들며 인사하는 것 같다. 청렴결백한 조선의 옛 선비처럼 기품 있고 겸손하고 소박한 생명이 아닌가.

고구마든 감자든 아무 것이나 좋으니 물에 담가 키워보길 바란다. 마치 자식을 기르는 부모의 심정처럼 인자해지고 평온해지는 마음을 느끼게 될 것이다. 뿐만 아니라 생명에 대한 예의와 살아있는 것의 소중함을 깨닫게 될 것이다. 연초록 아스라한 당근 싹의 팔과 다리를 보고서 삶의 겸허함을 깨닫게 될 것이다.

그렇게 새 친구와 정이 새록새록 깊어지던 무렵 뜻하지 않은 슬픔에 맞닥뜨리게 되었다. 푸르게 자라난 줄기가 눈부신 아름다움을 뿜어내고 있을 때, 새끼에게 모든 양분을 내어주고 죽어가는 가시고기처럼 당근 밑동이 썩어 문드러져 있었던 것이다.

갑자기 자책감이 몰려들었다. 미안하다. 미안하다. 나는 당근에게 한없이 미안할 수밖에 없었다. 자식을 지켜내지 못한 부모의 심정처럼 무너져 내리는 슬픔을 느꼈다. 이제 결단을 내려야만 했다. 당근을 자연의 품으로 돌려보내야 하는 것이다.

  어느 날 소녀적인 호기심으로 기르기 시작했던 당근 싹은 인간에게서는 결코 배울 수 없었던 것들을 깨우쳐주고 떠나갔다. 먼 기억 속의 첫사랑처럼 푸르고 싱그러운 모습만을 남긴 채.

  어떤 상황에서도 결코 생명을 포기하지 않는 의지, 열악한 환경에서도 기쁘게 하늘을 향해 푸른 싹을 내미는 아름다운 정열을 나는 보았다. 당근 싹을 길러보라. 생명의 신비로운 모습을 보며 삶에 대해 다시금 사색할 수 있는 기회가 될 것이다.

당근 싹을 키워보라
생명에 대한 예의와
살아 있는 것의
소중함을 깨닫게 될 것이다.

그대여,
따뜻한 작별을 하라

어린 시절 몇 년간 남해의 항구도시에서 살던 때가 있었다. 생선 비린내가 도시 전체에 깔린 그곳을 떠나올 때의 기억이 선명히 남아 있다. 영화의 한 장면처럼 저장된 기억 속의 나는 초등학교 1학년, 지금은 얼굴도 이름도 기억나지 않은 한 친구와 함께 비좁은 다락방에 누워 만화책을 읽던 모습도 떠오른다.

그런 기억이 지금까지 애틋하게 남은 것은 헤어지던 날의 기억 때문인 듯하다. 다른 고장으로 이사 가는 날, 나는 이삿짐이 가득 실린 파란색 트럭 위에 있었고 친구는 슬픈 눈으로 나를 올려다보고 있었다. 서로 두 눈이 퉁퉁 부을 만큼 울다가 친구는 "잘 가." 했고 나는 "잘 있어." 하고 대답했다. 지금도 그 도시의 이름을 간혹 들으면 슬픈 이별의 장면이 가장 먼저 떠오르면서, 사진 한 장 남겨두지 못한 아쉬움에 가슴이 아리다.

인간은 수없이 많은 작별의 시간을 거치며 살아간다. 학교에서도 1년에 한 번씩은 담임선생님 그리고 정들었던 같은 반 친구들과 작별을 해야 하고, 사회에 나와서도 수많은 작별을 치러야 한다. 사랑하는 사람과의 작별, 직장 동료들과의 작별, 부모님과의 작별 등등 새로운 만남만큼 헤어짐도 많다. 그러한 작별의 아픔을 겪다 보니 뒤늦게나마 '따뜻한 작별'을 위해 노력해야 한다는 사실을 깨달았다.

일상 속에서 따뜻하게 작별한다는 건 어떤 의미일까? 아마도 먼 훗날 서로를 떠올릴 때 가슴 아프지 않을 수 있는 헤어짐이 아닐까 싶다. 훗날 얼굴도 이름도 기억하지 못하는 아쉬움을 느끼고 싶지 않다면 사진이나 동영상으로 남겨두어라. 애인과 헤어지면 사진이며 선물 등을 태워버리곤 하지만 사랑했던 사람이기 때문에 나중에는 그리워지는 순간이 찾아올 것이다. 그때 사진 한 장 남지 않았다면 얼마나 아쉽고 그립겠는가.

저마다 누군가와 헤어질 때는 그럴 수밖에 없는 이유가 있겠지만, 서로에게 상처를 주지 않기를 바란다. 지금은 뜻이 달라 헤어지더라도 한때 서로 의지하고 지냈던 기억들을 소중히 생각한다면 싸우고 끝내는 방식보다는 웃음과 악수로 마무리하는 것이 성숙한 방식이다.

상대에 대한 원망과 저주보다는 그들의 행복을 빌어줄 수 있는 마음을 가져야 하리라. 그들과 함께했던 기억들은 지워 없애야 할 불필요한 것들이 아니라 그대의 소중한 과거이다. 헤어진 후 상대에 대해 존중하는 마음을 간직할 수 있다면 그대는 따뜻한 작별을 할 수 있는 사람이다.

세상에서 가장 슬프고 가슴 아픈 작별은 죽음이다. 죽음은 모든 인간이 맞이해야 하는 숙명이지만 가까웠던 이들을 떠나보내는 것은 매번 고통스러운 일이다. 그렇다면 죽음이라는 영원한 작별에 대해 우리는 더 차분하고 현명하게 대처할 필요가 있다. 그것은 즐거운 추억을 남기기 위해 노력하는 것이다. 그렇게 하지 못하면 마지막 순간 후회 속에서 떠나게 될 것이다.

따뜻한 작별을 하라. 아니, 따뜻한 작별이 될 수 있도록 하루하루를 즐겁게 살도록 하라. 아름답고 행복한 추억을 가슴에 간직한 채 미소 지으며 손 흔들 수 있도록 알차게 채워가라.

"도와주세요"라고
솔직하게
말하라

살아가면서 누군가에게 "도와주세요."라고 말하기란 얼마나 어려운가. 쑥스러운 것은 둘째 치고 자존심 때문에 말을 꺼내지 못하는 사람들이 많다. 웬만하면 남에게 도움 받을 일을 피하려 하지만 제 아무리 다재다능하고 똑똑하고 패기 있는 사람도 혼자의 힘만으로는 해결할 수 없는 장벽에 가로막힐 때가 있다.

나 또한 남에게 도움을 요청할 때가 종종 있지만 예전에는 그러질 못했다. 어쩌다 남에게 돈을 빌릴 수밖에 없게 되면 마음이 좌불안석이 되어 쫓기는 사람처럼 최대한 빨리 갚아버리려 했다. 무슨 죄라도 지은 것처럼 가슴을 짓눌렀기 때문이다.

그런 만큼 남에게 도움을 주는 일에도 서툴렀다. 다른 이로부터 도움받기를 불편해할수록 다른 이에게 도움의 손길을 내미는 일도 어색할 수밖에 없는 것 같다. 그러다 보면 타인과 자연스럽게 관계를 형성하는 데 어려움을 느끼고 스스로를 한정된 영역 안에 유폐하는 결과를 초래했다.

스스로 노력을 다해도 도저히 해결되지 않거나 달성할 수 없는 때가 있다. 그럴 때는 자포자기하지 말고 다른 사람에게 도움을 요청하라. 그것은 결코 부끄러운 일이 아니다. 우리는 누구나 다른 누군가의 도움을 주고받으며 살아가기 때문이다. 실질적인 도움을 주는 것도 중요하지만 더 중요한 것은 상대에 대한 믿음과 응원이다.

인간은 서로 기대고 의지하며 살아가는 사회적 동물이다. 일상적으로 가족과 친지와 친구와 동료들에게 위로받기도 하고, 마음이 허전하거나 출렁일 때 음악을 들으며 감정을 다독거리기도 하고, 궁금한 것이 있을 때는 책을 통해 저자와 소통하기도 한다. 이렇듯 우리는 직간접적으로 사회적 관계망을 형성하여 살아가고 있다. 이처럼 '관계'란 인류 탄생 이래 지금껏 유지되고 있는 자연스러운 생활방식이다.

도움을 주고받는 관계에서 꼭 실천해야 할 예절이 있다. 우선 필요한 도움을 받았을 때는 반드시 감사의 표현을 전해야 한다. 도움이란 이익과 손해를 계산하여 주고받는 것이 아니라 마음으로부터 우러난 것이기 때문이다. 누군가를 도와주었을 때 생색을 내고 싶지는 않았다 해도 상대가 진심 어린 감사의 표현을 하지 않는다면 섭섭한 것이 인지상정이다.

도움을 받은 결과에 대해서도 마찬가지다. 원했던 만큼 얻지 못했다 해도 도움을 준 상대에게는 꼭 감사하다는 표현을 전해야 한다. 물론 도움을 거절당했다 해도 실망하거나 원망하지 말아야 한다. 피치 못할 사정이 있을지도 모르는데 상대가 도움을 줄 수 없어 미안해하도록 만들어서는 안 된다. 또 상대에게 도움을 강요해서도 안 된다. 협조적이거나 자발적이지 않은 도움은 일종의 '거래'일 뿐이다.

도움이란 이 세상을 아름답게 하는 에너지이다. 도움을 주기도 하고 받기도 하는 과정에서 우정 또는 의리와 같은 아름다운 관계가 형성되기 때문이다. 그러므로 아무도 돕지 않으면서 누군가 도와주기를 바라선 안 된다.

그대는 지금 어떤 어려움에 처해 있는가. 그대를 도와줄 수 있는 사람을 떠올려보고 도움을 요청해라. 그리고 상대가 어려울 때 흔쾌히 도와줌으로써 따뜻하고 단단한 관계를 맺도록 하라.

인생은
즐거운
신기루

비행기를 타고 가던 어떤 이가 사막 위에 홀로 불시착하게 되었다. 간신히 죽음은 면했지만 구조될 가능성이 없는 모래밭에서 살아남기 위해서는 열악한 환경에 적응할 수밖에 없었다. 그는 선인장 꽃을 따먹고 손바닥에 밤이슬을 받아 마셨다. 죽을 것 같은 고통이 파고들었지만 그는 절망이라는 늪에 빠지지 않기 위해 살갗을 찌르는 태양 아래 쉬지 않고 걸었다.

어느 순간 그의 눈앞에 오아시스가 펼쳐졌다. 초록 잎사귀가 무성한 나무들이 자라고 맑은 물이 샘솟는 모습을 보자 그는 환성을 지르며 튕겨진 것처럼 오아시스를 향해 내달렸다. 그러나 가까이 다가가보니 그것은 신기루였다. 모래바람이 몰아치는 사막 위의 나그네에게 잠시 희망의 불씨를 지펴주고 사라진 신기루.

인생은 신기루와 같다. 있는 것 같으나 없는 것, 눈에 보이지만 실재하지 않는 것, 눈을 뜨고 꿈을 꾸는 것, 꿈이라고 치부해 버리기에는 너무나 생생하게 느껴지는 것. 그것이 인생인 것이다.

어쩌면 우리가 발을 딛고 선 이 세계는 구름이 뭉게뭉게 떠다니는 저 하늘이 아닐까. 바닥이라고 믿었던 것은 허공이며, 하나하나 쌓아가고 있다고 믿었던 것은 둥둥 떠다니면서 한데 뭉쳤다가 흔적 없이 흩어지는 구름이 아닐까. 인생이란 날씨의 변화에 따라 모양을 달리하는 구름처럼 정처 없는 것이 아닐까.

인생이라는 먼 길을 걸어갈 때 우리는 오아시스가 신기루였음을 깨달을 때와 같은 허무에 빠지곤 한다. 그때 그대는 어떻게 대처할 것인가. 허무에 빠져 쇠잔할 것인가, 아니면 마음을 비우고 주어진 시간을 즐길 것인가. 붉게 물들어가는 저녁노을의 아름다운 풍경과 아이들이 하루하루 성장해 가는 모습을 바라보면서 삶을 누릴 것인가, 비탄에 빠져 무의미한 생활로 일관할 것인가.

그대와 나의 오늘이 어제와 다르듯이, 지금은 살아 있으나 언제 죽을지 알 수 없는 것이 존재의 숙명이다. 누구나 그러한 슬픔의 안개꽃다발을 안고 살아간다. 사막에서 만난 황홀하고 아름다운 한때의 신기루처럼 인간의 삶도 잠깐의 행복한 기억을 간직한 채 살다가 어느 날 문득 사라지는 것인지도 모른다.

그러나 인생은 그저 허무하기만 한 신기루는 아니다. 지금, 여기,

그대가 존재하고 있기 때문이다. 꿈을 꾸고 노력하는 그대의 생활이 있기 때문이다.

　많이 소유할수록 행복해지는 것이 아니며, 누군가를 짓밟고 올라선다고 해서 명예를 얻는 것이 아니다. 오히려 행복은 내 것을 남에게 나누어줄 때 생기는 것이고, 명예는 남을 존중할 줄 아는 겸손을 갖추었을 때 비로소 얻게 되는 것이다.

　욕망의 올가미에 붙들려 허우적거리며 살지 마라. 비워야 다시 채울 수 있는 공간이 생기는 법. 욕심을 비우고 새로운 즐거움으로 하루를 장식하라.

진정한 벗은
한 명으로도
충분하다

늘 많은 사람들에게 둘러싸여 사는 사람이 있다. 하루 중 혼자 지내는 시간이 거의 없는 그의 핸드폰에는 수많은 지인들의 전화번호가 저장되어 있다. 그는 여러 사람들 속에서 살아가는 것을 하나의 능력이라고 믿기 때문에 매일 수많은 모임을 만들고 수많은 사람들과 약속을 잡아 빡빡하게 생활한다.

그런데 무언가 허전한 게 있다. 자신의 마음을 스스럼없이 털어놓고 싶을 때 정작 찾아갈 사람이 없다는 것이다. 가끔 그런 허무함이 밀려들 때면 옆구리가 견딜 수 없이 시려온다.

그대에게는 몇 명의 친구가 있는가? 그대가 고민을 털어놓으면 진정한 충고를 들려줄 친구는 몇 명인가? 가만히 친구들의 얼굴을 떠올리다 보면 그 중 유난히 마음을 붙드는 누군가가 있을 것이다. 자신에 관한 모든 것을 거리낌 없이 털어놓고 싶은 친구, 조건 없이 부탁을 들어줄 수 있는 친구, 함께 이야기하는 것만으로도 충만함을 느낄 수 있는 친구, 마지막까지 내 곁을 지켜줄 수 있는 친구, 그런 친구의 소중함을 느껴보라.

어쩌면 커다란 행운이 따르지 않으면 진정한 친구를 얻을 수 없을지도 모른다. 아니, 어쩌면 그런 친구란 존재하지 않을지도 모른다. 진정한 우정이란 생각보다 귀한 것이며, 그 우정의 관계를 유지하는 것도 쉽지 않기 때문이다.

이제 모든 이들을 기쁘게 해주거나 만족시키기 위해 희생적으로 노력하지 말기를 바란다. 자신의 능력을 과대포장하거나 완벽한 모습을 보이기 위해 과장된 행동을 하지 않기를 바란다. 대신 그대의 모습 그대로를 사랑해 주고 이해해 줄 수 있는 사람, 가식 없는 그대의 모습을 사랑해줄 수 있는 사람이 누구일지 생각해 보라. 친구란 그런 것이다.

우정의 탈을 쓰고 그대가 지닌 것들에 눈독을 들이는 이들에게 그대는 이용가치 있는 수단일 뿐이다. 그들은 땅 밑에 은폐된 지뢰처럼 도처에서 그대가 걸려들기를 기다리고 있다.

진정한 친구란 어떤 사람인가. 그대가 병에 걸렸을 때 달려와 이런저런 걱정을 늘어놓으며 병원에 입원시켜 주는 사람일까? 대개 사람들은 이런 관심과 행동을 진정한 우정으로 생각하지만, 어쩌면 도움이 되지 못한 것을 미안해하며 같이 아파해줄 수 있는 친구가 진정한 친구일 수 있다. 형편이 어려워 물질적인 도움을 줄 수는 없지만 항상 그대에게 행운과 축복이 깃들기를 기도해줄 수 있는 친구가 진실한 벗이다. 값비싼 선물을 들고 와 생일을 축하해주는 것보다는 사람들로부터 따돌림을 당할 때 손을 내밀어주는 것이 우정이다. 우리가 역경에 처한 친구에게 주어야 할 것은 경제적 도움보다는 변치 않는 따뜻한 마음이다.

좋은 친구를 얻기 위해서는 자신이 먼저 좋은 친구가 되어야 한다. 그가 나에게 무엇을 해줄 수 있을까 생각하지 말고 따뜻한 마음을 보여주어라. 친구가 행복할 때 찾아가 축하하기보다는 슬픔과 절망에 빠져 있을 때 그의 곁을 지켜주어라. 행복하고 평안한 시기에 함께할 사람은 많지만 절망의 순간에 변치 않는 마음으로 함께해 주기란 쉬운 일이 아니다.

진정한 벗은 한 명으로도 충분하다. 자기 자신보다 더 소중한 친구, 자신을 희생할 수 있는 친구를 가지고 있는가? 그렇다면 그대는 그 어떤 재산보다 값진 재산을 얻은 것이다.

그대만의
역사를 써라

생각을 말로 표현하는 것과 글로 표현하는 것은 확연히 다르다. 세상에 달변가로 소문났지만 문장력이 부족한 사람도 있고, 독자의 심금을 울리는 작가 중에는 눌변으로 진땀을 흘리는 사람도 있다. 물론 글도 좋고 언변도 유창한 사람이 없지는 않다. 하지만 대개 일반인들은 한 가지에 능숙하면 다른 방면에는 미숙한 편이다.

  말이 유창하다는 것은 사회생활에 꽤 도움이 되는 능력이다. 하지만 말이란 입에서 뱉는 순간 공기 중으로 흩어지기 때문에 오랫동안 가슴 깊이 간직되기 어렵다. 심지어 스스로 표현한 내용들도 시간이 지나면 '내가 무슨 말을 했더라' 할 만큼 가물거리기도 한다.

자기만의 소중한 생각과 감정을 일회적으로 표현하고 마는 것은 너무 허무한 일이다. 그래서 우리는 오래 간직하기 위해, 또 더 많은 사람과 소통하기 위해 글쓰기에 도전한다. 말은 소멸되기 쉬우나 글은 소멸이 아닌 불멸의 방식이다. 수백 년 전의 역사도 글로 남아 있기에 그 시대를 추측할 수 있다.

아무리 새롭고 멋진 발상이 떠올랐다 해도 기록하지 않으면 사라져 버릴 것이다. 망각이라는 기능을 지닌 우리의 두뇌는 새로운 생각을 저장하기 위해 오래되거나 중요하지 않은 기억들을 지우기 때문이다. 천재가 아닌 이상 매일 계속되는 자신의 생각과 감정들을 모두 기억할 수는 없는 노릇이다.

나는 중요한 생각이 떠오를 때는 먼저 노트에 메모해 두는 편이다. 직접 종이에 쓸 때 마음이 더 차분해지고 집중도 잘될 뿐만 아니라 활자들과 대화를 나누는 듯한 느낌을 받기 때문이다. 물론 긴 글을 써야 할 때는 컴퓨터를 사용하지만 키보드를 두드리는 것은 노트에 또박또박 글씨를 써내려갈 때의 손맛보다는 못하다.

손글씨는 모양이 획일적인 컴퓨터 활자에 비해 본인의 개성이 담겨 있다. 펜으로 직접 종이 위에 쓴 글들은 읽어보면 내용뿐만 아니라 개성적인 글씨체로 인해 글을 쓴 이의 심경까지 전달되어서 좋다. 글씨 하나하나에 작가의 마음과 정성이 담겨져 있기 때문이다.

그대, 이메일이 아닌 진짜 편지를 썼던 시절을 기억하는가. 지금까지도 손으로 쓴 편지를 이용하는 사람도 있겠지만 아마 청소년 때

이후로는 써보지 않은 이가 많을 것이다. 실제로 요즘은 편지를 쓰는 사람이 거의 없다. 이메일로 안부를 묻거나 문자로 생각을 주고받거나 그도 저도 귀찮은 사람은 직접 전화를 하면 그만인 것이다. 더욱이 일기를 쓰거나 메모하는 습관을 지닌 사람도 흔치 않다.

어떤 글이라도 좋으니 오늘 저녁에는 도전해 보라. 일기도 좋고, 자신의 살아온 일대기에 도전해도 좋고, 이루고 싶은 꿈을 적어보는 것도 좋겠다. 굳이 유명한 작가들처럼 유려한 문체로 쓰려고 애쓸 필요도 없고, 누군가에게 보여주지 않아도 괜찮다.

그리고 생각날 때마다 가끔 꺼내어 읽어보라. 예전에 자신이 어떤 고민을 하고 어떤 깨달음을 느꼈는지 확인하며 새삼 회상에 젖을 수 있을 것이다.

글을 쓴다는 건 생각을 풀어내는 것이다. 내 가슴속에 열려 있는 생각의 탐스러운 열매들을 수확하는 기쁨을 맛보는 일이다. 그래서 슬프거나 우울할 때 글을 쓰고 나면 마음이 후련해지고 편안해지는 것을 경험할 수 있다.

좋은 글은 나를 행복하게 하면서도 다른 이에게 용기를 주고 희망을 줄 수 있다. 거짓 없고 순수한 글을 쓰라. 그대가 느끼는 모든 것들은 그대만의 고유한 역사이다. 가장 간단하게 그 고유한 역사를 이 세상에 남기는 방법이 바로 글을 쓰는 것이다.

이름 없는 것들에게
이름 선물하기

어려서 피치 못할 사정으로 가족들과 헤어졌던 사람이 수십 년 만에 극적으로 가족을 만나는 장면을 본 적이 있다. 비록 텔레비전 화면으로 본 것이지만, 그동안 자기의 진짜 이름을 모르고 살아왔던 그가 생전처음 자신의 이름을 듣고서 눈물을 쏟을 때 왠지 남의 일 같지 않아 나의 눈에도 눈물이 맺혔다. 가족이 그의 이름을 불러주었을 비로소 자신이 누구였는지를 알게 된 감격 때문이었다. 이처럼 이름이란 수많은 느낌들을 공감할 수 있는 일종의 터널이다.

누군가 당신의 이름을 물었을 때 어떤 기분이 드는가? 따라서 약간의 설렘과 기분 좋은 긴장을 느끼게 되지 않는가? 이름을 묻는다는 것은 상대가 그대에게 관심이 있다는 뜻이다.

나는 심심해지면 내 주위에 있는 '이름 없는 것들에게 이름 만들어주기'라는 놀이를 한다. 자체 개발한 이 놀이는 제법 즐겁다. 언젠가는 집 앞을 지나칠 때 만난 전봇대로부터 자기만의 특별한 이름이 필요하다는 메시지를 받았다. 동네에 수 미터 간격으로 늘어선 전봇대를 의식적으로 기억하는 사람은 거의 없다. 그것이 안쓰러워 나는 거절하지 않고 '삼돌이'란 이름을 지어주었다.

'삼돌이'는 이제 더 이상 흔한 무명의 전봇대가 아니다. 내가 집을 나설 때면 가장 먼저 인사하는 '삼돌이', 다른 전봇대와는 달리 잘생기고 씩씩한 '삼돌이'가 되었다. 생명이 없었던 전봇대에게 새로운 생명을 불어넣어준 것 같아 마음이 부쩍 따뜻해졌다.

그대 주위에도 이름 없는 것들이 많이 있을 것이다. 그것들만의 끼와 개성을 고려한 이름을 만들어주어라. 그리고 선물한 그 이름을 자주 불러주어라. 하얀 도화지에 그림을 하나 둘 그려나가듯이 세상이란 공간에 그대로부터 이름을 얻은 친구들을 늘려보아라. 그대가 만들어준 이름 하나로 이제 그 사물들은 생명체로 탄생할 것이며, 굳이 일탈을 꿈꾸지 않아도 그들과 함께 즐길 수 있는 신선한 일상이 주어질 것이다.

잠깐 생각의 발길을 돌려 주위에 있는 이름 있는 것들을 살펴보라. 이름은 있으나 누군가로부터 따스한 부름을 받아보지 못하는 서글픈 존재들. 작은 목소리로 그의 이름을 불러주는 것도 그들에게는 큰 관심의 표현이 될 수 있다.

　이름을 불러준다는 것은 관심의 표현이다. 이름 없는 것들에게 이름을 만들어주고, 이름은 있으나 여전히 외로운 이들에게 그대의 따스한 음성으로 다정히 불러주어라. 그대의 관심으로 인해 그들은 새로운 희망을 꿈꿀 수 있게 될 것이다.

혼자서도
잘 지낼 수 있는
비결

때로는 밖에서 밥을 사먹어야 할 때가 있나. 문제는 샐러리맨들이 쏟아져나오는 점심시간에 딱 걸렸을 때다. 사람들로 북적이는 식당 안에 혼자 들어서는 것도 고역이고, 혼자 4인용 테이블을 차지하고 앉아 있기도 눈치가 보인다. 왠지 주문하는 목소리도 기어들어가고 사람들이 흘낏거리는 것 같아 얼굴마저 화끈거린다.

대낮에 혼자서 밥을 사먹는다는 게 생각보다 쉽진 않다. 마치 같이 식사할 동료조차 없는 사회성 부족한 사람같이 느껴지기 때문이다. 결국 구경꾼들에게 둘러싸인 원숭이처럼 되는 게 불편해서 식당에 갈 때는 웬만해서는 점심시간을 피한다.

인간은 사회적 존재라서 사람들은 혼자 뭔가를 한다는 것에 대해 부담을 느끼곤 한다. 특히 영화나 연극을 관람하거나 스포츠를 즐길 때 혼자라면 외톨이처럼 느껴지곤 한다. 그래서 사람들은 꼭 친밀한 사이가 아니더라도 만날 약속을 하고 무리지어 취미생활을 하고 여행을 간다.

그러나 인생을 행복하게 살고자 한다면 이제 혼자서도 잘 지낼 수 있어야 한다. 혼자서도 얼마든지 재미있고 보람 있는 시간을 가질 수 있어야 하는 것이다. 누군가 바라봐주거나 함께해야 안심이 된다면 그는 아직 자기 삶에 대한 믿음이 없는 사람이다. 하지만 혼자 있어도 충분히 즐거울 수 있는 사람은 가치관이 확고하고 자기만의 세계가 확립되어 있는 사람이다. 누군가에게 의지해서 즐거움을 찾기보다는 스스로 노력하고 개발해서 인생의 기쁨을 찾아낼 수 있는 창조적인 사람이다.

우르르 몰려다니는 사람들을 동경하지 말라. 혼자 밥먹는다고 혼자 여행간다고 해서 소심해지거나 기죽을 필요 없다. 특히 사귀는 사람이 없다고 해서 주눅들 필요도 없고 결혼을 못했다고 해서 남을 부러워할 필요 없다. 누군가는 혼자서 그 모든 것을 향유하는 그대의 자유로움을 부러워하고 있다.

이 세상의 중심은 그대 자신이다. 그대가 이 지구의 든든한 축이며 우주의 시작임을 잊지 말라. 그대가 존재하지 않으면 지구도, 우주도 없는 것이다. 다른 사람들은 여럿이 모여야 할 수 있는 일을 혼자서 한다는 것은 자기 세계관이 뚜렷하고 의지력이 강한 사람이다.

  혼자 있는 시간을 어떻게 써야 할지 모르는 사람들은 텔레비전이나 수면으로 시간을 낭비하지만, 혼자만의 시간에 익숙한 사람은 스스로 행복해질 수 있는 일에 몰두한다. 자신이 무엇을 하고 싶은지, 무엇을 해야 할지를 알고 있기 때문에 시간은 화살처럼 빨리 지나간다.

  자신을 아끼고 사랑할 사람은 자기 자신이다. 지금부터라도 혼자 몰입할 수 있는 일을 찾아보길 바란다. 혼자서도 잘 놀 수 있는 사람은 다른 사람들과 함께 있을 때도 중심을 잃지 않고 조화롭게 어울리는 능력을 발휘한다. 이제는 혼자 외출할 때 더 이상 두려워하지 말고 즐겨라. 자기만의 즐거움과 보람을 찾아 현명하고 알찬 인생을 수놓도록 하라.

그대 안에
우주를 품어라

 노루의 순하고 순한 먹물 같은 푸른 눈망울들이 하늘 위에 지천이다. 이 밤, 저 푸른 눈망울들은 뜨거운 숨결을 내뱉고 있는 빌딩숲 세상을 내려다보며 무슨 생각을 할까.
 검은 습자지처럼 까만 밤하늘에 안개꽃처럼 어여쁘게 피어난 저 별들. 그 중에서도 우리가 사는 지구라는 행성은 광활한 우주 속에 떠도는 먼지와도 같은 존재이다. 명왕성, 토성, 화성, 목성 그리고 태양에 이르기까지 수많은 별과 행성들의 이름을 모두 알 수는 없겠지만 우리가 태어나고 한동안 삶을 향유하는 지구는 그 무수한 별과 행성 중에서도 가장 아름다운 행성일 것이다.
 지구 밖에서 지구를 촬영한 사진을 본 적이 있는가. 마치 새파란

수정구슬 같은 정갈한 자태와 순결한 모습은 할 말을 잃게 만들 정도로 아름답다. 생명체에게 알맞은 온도와 적당한 습도를 제공하는 완벽한 시스템을 갖추고서 그 안에 수많은 생명들을 잉태하는 지구란 얼마나 신비로운가. 어쩌면 인간이 도달하지 못한 저 많은 별들도 각각의 비밀과 아름다움을 간직한 채 우주의 또 다른 생명들을 품고 있을 것이다.

아직 우리는 지구 탄생의 신비를 밝혀내지는 못했지만 우주라는 광대한 세계를 동경하고 연모할 수는 있다. 우주의 신비로운 역사를 헤아릴 수는 없겠지만 그 강인한 생명력을 닮고자 노력할 수는 있다. 우리는 우주에게서 한없는 아량을 배워야 한다. 우주적인 관심, 우주적인 마음, 우주적인 생각…….

가슴속에 우주를 생성시켜라. 그리하여 포용할 수 없었던 것들까지 어루만져주는 구김살 없는 마음을 지녀라. 모든 사람이 다 그대의 마음에 들 수는 없다. 이유 없이 누군가가 싫을 수도 있고 누군가를 좋아할 수도 있다. 인간의 감정이란 그렇게 근거 없이 편견에 사로잡히곤 한다. 하지만 마음에 들지 않는 사람을 대하는 그대의 방식에 따라 행복지수도 변화할 것이다.

인생이란 타인을 어떻게 대접하느냐에 따라 달라질 수 있다. 서로 간의 교감이 매끄럽게 이루어질 수 있는 인성을 갖추지 못하면 고독하고 어두운 삶 속에 갇힐 수 있다. 그러기에 서른 살 빛나는 그대는 교감을 방해하는 장애물들을 하나하나 제거해 나가야 한다.

가슴속에 우주를 생성시켜라.
그리하여 포용할 수 없었던 것들까지
어루만져주는 구김살 없는 마음을 지녀라.

그 장애물들은 그대의 가슴속에 깊숙이 뿌리 내리고 있는 편견이자 아집이다. 그동안 그대가 피하고 숨고 싶을 때마다 품어주었던 그 편견과 아집이 더 이상 그대를 잠식하기 전에 쫓아내어야 한다. 그대의 일부가 되어버렸을지도 모르는 그것들을 몰아내는 게 쉽지는 않겠지만 포기해서는 안 된다. 그 자리에 우주를 들여놓고 싶다면, 타인과 깊고 넓은 교감을 원한다면 선택과 용기가 필요하다.

우주적인 교감이란 생각에 아무런 장애를 느끼지 않는 것, 식물이든 동물이든 무생물이든 대상을 가리지 않고 마음을 나눌 수 있는 것, 조화로운 지혜를 가슴속에 불러들이는 것, 그리하여 자유로운 삶을 영위하는 것이다.

그대 안에 우주를 품었는가. 다정한 별무리들이 그대의 허기진 영혼을 달래줄 것이다. 그대, 가슴속 우주의 창조자가 되어보라. 사랑이란 행성에 이를 수 있는 비밀을 밝혀내라. 누구인가, 그대의 첫 번째 행성에 다다른 이는.

가슴에 우주를 품은 사람은 다른 이에게는 불가능해 보이는 일들을 손쉽게 이룰 수 있을 것이다. 그는 이미 우주의 진리에 대해 접근하는 방법을 터득하게 되었으므로.

제4장

서른, 그대보다 더 존귀한 이는 없다

향기로운 추억을
만드는 지혜

인간은 추억을 먹고 사는 존재여서 과거를 반추함으로써 살아갈 힘을 얻곤 한다. 특히 지난날의 행복했던 추억은 큰 위로를 안겨주곤 한다. 그래서 기억상실증이라든가 치매를 앓고 있는 사람들을 볼 때면 안타깝다. 겉모습은 멀쩡하지만 속은 텅 비어 자아를 상실한 것처럼 보이기 때문이다.

　사람들은 괴롭고 힘들 때면 즐거웠던 지난날을 떠올리면서 마음의 안식을 취하곤 한다. 순진무구했던 어린 시절의 행복한 기억들을 회상하면서 미소 짓기도 하고, 다시 그때로 돌아간 것 같은 기분을 느끼며 충전을 하게 되는 것이다. 이처럼 향기로운 추억은 영혼을 정화시켜 주는 역할을 한다. 즐거운 추억은 삶을 혼란에 빠지지 않게 격려하며 지친 가슴을 부드러운 실크처럼 어루만져 주는 힘을 지니고 있기 때문이다.

그대의 향기로운 추억은 어떤 것인가? 그러한 추억을 많이 지니고 있는가?

하루하루를 기쁘게 사는 법을 찾아내야 한다. 내일이 되면 오늘은 과거로 남겨지기 때문이다. 밝은 내일을 위해 어떤 즐거운 기억을 남겨놓을지, 스스로에게 힘이 되는 일은 무엇인지 생각하고 노력해야 한다.

사실 우리의 일상은 그야말로 '일상'이어서 활동반경이 넓지도 않고, 현실은 영화가 아니기 때문에 드라마틱하지도 않다. 반복적인 생활 속에서 새로운 사람을 만나는 일도 드물기 마련이다. 그러나 마음먹기에 따라 그 지루한 현실을 바꿔놓을 수 있다. 그 실천의 핵심은 스스로의 감정을 통제하는 것이다. 오늘 이 순간부터 나쁜 상황에 휩쓸리지 않고 감정을 조절할 수 있도록 노력해야 한다.

직장생활을 하고 있는 경우라면, 자신의 행복한 사회생활을 방해하는 요소부터 확인하여 제거해 보자. 예를 들어 존경스럽지 못한 윗사람으로부터 억울한 일을 당한다면 하루 종일 짜증과 분노 속에서 일하게 될 것이다. 이러한 상황을 탈피하지 않으면 당신은 하루 종일 분노의 감정에 잠식당하게 될 것이고, 자신에게 좋은 추억을 남기기 어려워진다. 윗사람과 갈등이 있었더라도 자신의 감정을 잘 통제하는 방법을 찾아야 한다. 평정심을 찾아 원래의 상태로 돌아올 수 있어야 즐거운 상황을 맞이할 수 있다.

결혼한 주부의 경우에는 남편과의 갈등이 가장 큰 문제가 될 것이다. 만약 남편의 휴대폰에서 야릇한 문자를 발견하고 '외도'를 의심하게 되었다고 하자. 이런 경우 배신감에 불타올라 남편에게 감정적으로 대처한다면 앞으로 펼쳐질 상황은 뻔하다. 매일 부부싸움이 벌어질 것이며, 감정의 골이 더 깊어져 이혼을 들먹이게 될 수도 있다.

물론 남편의 외도를 모른 척할 수는 없는 일이지만, 감정을 통제하지 못한다면 좋은 결과를 만들기 어려워진다. 스스로 남편을 오해한 것일 수도 있고, 또 남편이 진심으로 용서를 구할 때 받아들이지 못할 수도 있기 때문이다. 스스로 감정을 통제한다면 남편과의 관계를 회복할 수 있는 기회를 만들 수도 있다. 즉 나쁜 상황을 좋은 상황으로 역전시킬 수 있는 전화위복의 계기로 삼는 것이다. 그러면 이 순간은 훗날 잔잔한 미소로써 떠올릴 수 있는 행복한 기억으로 자리할 것이다.

향기로운 추억은 거저 주어지는 것이 아니라 노력으로 만들어야 하는 것이다. 오늘, 지금부터 자신에게 주어진 상황에서 향기로운 추억을 빚어보자. 그러한 노력과 실천을 습관화한다면 당신은 어떠한 난관 속에서도 헤쳐 나올 수 있는 슬기와 지혜를 갖게 되는 것이다. 그대의 서른 살은 어떤 향기를 지닌 기억으로 남게 될까.

향기로운 추억은 영혼을 정화시켜 주는 역할을 한다.
즐거운 추억은 삶을 혼란에 빠지지 않게
격려하며 지친 가슴을 부드러운 실크처럼
어루만져 주는 힘을 지니고 있기 때문이다.
그대의 향기로운 추억은 어떤 것인가?
그러한 추억을 많이 지니고 있는가?

실수는
실패가 아니다

　우리에게는 인류 역사에 불멸의 발자취를 남긴 수많은 위인들이 있다. 우리가 그들을 존경하는 이유는 무엇일까? 아마도 그들이 위대한 인물로 타고났기 때문이 아니라 수많은 난관을 거쳐 위대한 사람으로 만들어졌기 때문일 것이다.
　이처럼 우리가 누군가를 존경한다는 것은 그의 업적이나 능력이 아니라 그가 보여준 불굴의 의지 또는 노력에 감동하는 것이다. 따라서 좌절을 겪지 않은 위인은 이 세상에 존재하지 않는다. 인간으로 태어난 이상 모든 것을 다 잘할 수는 없으므로, 때로는 실수도 하고 실수를 반복하지 않기 위해 끊임없이 노력하는 과정 속에서 훌륭한 사람으로 형성되는 것이다.

이러한 위인에게서 우리는 실수에 대처하는 법을 배워야 한다. 대처법이란 어떤 실수를 저질렀을 때 그 충격에서 빠져나오는 것, 즉 다시 일어나서 실수를 만회할 만한 능력을 키우는 것이다. 자신의 실수를 지나치게 의식하면 죄의식, 의기소침, 무기력 등 온갖 좋지 않은 감정에 휩싸이다가 콤플렉스까지 얻게 될 수 있다. 나 역시 실수가 잦은 편이어서 예전에는 한동안 위축된 감정에 시달리곤 했다. 일상적인 예를 들자면 덤벙거리는 기질을 지니고 있어서 물건들을 잘 망가뜨리곤 한다. 컵이며 그릇을 깨트리는 일도 있고 어딘가에 잘 부딪히기도 한다. 또 타인으로부터 관심을 받을 때면 긴장을 하여 말이 꼬이거나 갑자기 엉뚱한 단어들이 튀어나오기도 한다. 그럴 때면 당황하여 자책감이나 우울한 감정에 빠지기도 했는데, 이제는 그냥 웃어넘긴다. 그런 단점은 나만 가진 게 아니기 때문이다. 나보다 더 똑똑하고 훌륭한 사람들도 사소한 실수를 자주 저지른다는 사실을 알고 있기 때문이다. 이제는 실수를 저지를 때면 "난 완전한 존재가 아니야."라는 말로써 마음을 편하게 할 수 있다.

그대 또한 언제 어느 때든 실수를 저지를 수 있고, 또 저지르며 살 것이다. 그러나 의기소침해지거나 자신을 자학하지 않기를 바란다. 대신 실수라는 달갑지 않은 친구를 다루는 방법을 배워둘 필요가 있다. 달갑지 않은 친구라고 해서 부끄러워하고 숨기려고 하면 할수록 실수는 더 자주 그 모습을 드러낼 것이기 때문이다.

앞서 말했듯이 위대한 인물들에게도 '실수'라는 친구는 항상 따라다닌다. 그러나 그들은 실수나 실패를 부끄러워하지도 두려워하지도 않는다. 무언가를 시도하여 새로운 점을 배웠기 때문이다. 어쩌다 저지른 작은 실수에 지나치게 큰 의미를 부여하지 말 일이다. 자신을 질책하고 괴롭히는 것 자체가 실수를 더욱 키우는 결과를 낳을 수도 있다.

때로 실수는 무료한 삶에 즐거운 활력소가 되기도 한다. 티끌만큼의 흠도 없고 실수를 용납하지 않고 살아가는 완벽주의자에게는 인간적 매력이 없다. 반면 가끔 실수를 하지만 따뜻한 미소로써 자신과 타인에게 관용을 보일 줄 아는 사람에게는 따르는 사람도 많을 것이다. 사실 여러 사람에게 사랑을 받는 사람을 보면 어딘지 허술한 구석이 느껴지곤 한다. 그런 사람이 사랑받는 이유는 무엇일까? 그것은 편안하기 때문이며, 가식적이지 않은 진심을 보여주기 때문이다.

실수했지만 인생에 실패한 건 아니다. 어떤 마음으로 임하느냐에 따라 실수를 실패로 이끌 수도 있고, 실수를 딛고 일어서 향기로운 행복의 길로 들어설 수도 있다. 실수했는가? 괜찮다. 우리는 누구나 실수를 하며 살아간다. 그대의 실수는 성공으로 가기 위한 다리 위에 피어 있는 들꽃과 같다. 여유롭게 바라보고 미소 지어줄 수 있다면 그 꽃은 그대에게 희망과 용기라는 고운 향기를 건네줄 것이다.

우울할 때는
목청껏 노래를
불러라

 우리 민족처럼 노래를 좋아하고 춤을 좋아하는 민족이 또 있을까 싶다. 우리 민족이 음악을 얼마나 사랑하는지는 일상에서 얼마든지 확인할 수 있다. 집집마다 전화를 걸면 으레 감미로운 음악이 흘러나오고, 모임이 끝난 후에는 노래방에 들러야 제대로 놀았다는 기분이 든다. 모든 행사나 축제에서는 반드시 노래자랑 마당이 펼쳐지고, 행사 분위기를 흥겹게 하기 위해 가수들이 초대되는 경우도 많다.

 나에게 음악을 듣는 일은 글을 읽고 쓰는 것만큼이나 소중하다. 때로는 하루 종일 음악에 파묻혀 지낸 적도 있고, 작곡을 했다면 수백 곡은 족히 만들었을 것이라고 상상해 보기도 한다. 음악은 주로 듣는 편이지만 때로는 노래를 따라 부르기도 한다. 서정적인 가사를 음미하면서 노래를 부르다 보면 마치 나의 이야기인 것처럼 느껴질 때도 있다.

 좋아하는 노래는 듣기만 할 것이 아니라 직접 따라 불러보는 것이 좋다. 그러면 막혀 있던 가슴이 시원하게 뚫리는 것 같은 기분을 느낄 수 있다. 그대가 우울하거나 즐겁거나 쓸쓸할 때면 그 감정에 맞는 곡을 찾아 소리 내어 불러보아라. 우울할 때 신나는 곡을 부르거나 유쾌한 분위기에서 슬픈 노래를 부르는 것은 역효과를 불러일으킬 수 있다. 슬플 때에는 슬픈 노래로 위로받고 즐거울 때에는 밝고 경쾌한 곡으로 흥을 돋우는 것이다. 노래를 잘 부르고 못 부르는 것은 중요하지 않다. 남이 들을까 신경 쓰지 말고, 자신이 가창력 있는 인기가수라고 생각하고 자신 있게 불러보는 것이다.

 노래를 부르는 동안에는 현실의 고통을 잊고 영혼의 자유로움을 느낄 수 있다. 아무런 구애도 받지 않고 저 높은 곳으로 비상하는 듯한 경이로운 쾌감을 느낄 수도 있을 것이다. 가슴속 숱한 상처들이 하나 둘 치유되는 듯한 안식이 찾아올 것이다. 자, 이제 자신의 목소리를 느끼면서 자유로운 세계를 날아보자.

겸손의 향기를
품어라

어느 설문조사를 보니, 사람들은 잘난 척하는 사람을 가장 싫어하는 것으로 나타났다. 여기에서 우리는 진짜 잘난 사람이라 할지라도 스스로 잘났다고 행동하는, 즉 겸손하지 않은 사람에 대한 거부감이 크다는 사실을 알 수 있다. 이것은 겸손의 미덕에 관한 문제다.

  우리는 모두 돋보이고자 하는 욕망을 지니고 있다. 솔직히 말하면 나 역시 잘난 척하고 싶은 욕구를 지닌 사람 중의 하나였다. 인터넷이란 공간에서 글로써 많은 사람들에게 인정받고 사랑받다 보니 스스로 잘난 줄 알고 교만해지기 시작했던 것이다. 나의 재능에 대해 자신감을 넘어 비범한 능력을 지닌 건 아닐까 하는 생각까지 하였으니, 중증 환자의 증상이 아닐 수 없었다. 다행히 이제는 겸손한 자세를 되찾아 카페 회원님들을 섬기는 머슴의 자세로 살고 있다. 아무 것도 바라지 않고 회원님들을 위해 글을 쓰고 카페를 관리할 수 있게 되었다. 내가 글을 계속 쓸 수 있는 것은 내가 잘나서가 아니라 읽어주는 분들이 순수한 마음으로 공감해 주었기 때문임을 깨달았던 것이다.

어떤 분야에서 경험을 쌓다 보면 스스로에 대한 환상에 사로잡힐 수 있다. 자신이 남보다 월등한 능력의 소유자라는 환상, 다른 사람들로부터 추앙을 받아 마땅하다는 환상에 빠질 수 있다. 이렇듯 제왕이라도 된 것 같은 우월감에 도취되면 타인에 대한 존중심을 상실하게 된다. 결국 자만심 가득한 사람은 타인의 우러름을 받기는커녕 도리어 따돌림을 받게 되는 것이다. 지나친 자기애는 위험한 함정과 같다.

벼는 익을수록 고개를 숙이고 사람은 현명해질수록 겸손해져야 한다. 아무리 두뇌가 좋고 재능이 뛰어나다 하더라도 겸손을 갖추지 못한 사람이라면 그러한 장점이 오히려 자신을 고립시키는 단점이 될 수 있다. 속이 잘 여문 사람과 겉은 화려하나 속은 텅 빈 사람의 차이는, 누가 더 많이 세상을 향해 자신을 낮추는가에 있다.

인생에서 성공의 반열에 올라서고 행복하고자 한다면 스스로를 낮출 수 있는 미덕을 몸에 익혀야 한다. 스스로를 높이고자 하면 누군가가 자신을 깎아내리기 위해 혈안이 될 것이고, 스스로 겸손한 자세를 갖춘다면 다른 이들이 나를 높여 세워줄 것이다. 이것이 인생의 진리다.

겸손한 마음은 정결한 심성에서 배어나오는 향기이다. 겸손한 사람은 발전의 가능성이 열려 있으며 겸손치 못한 사람보다 더 많은 것을 얻을 수 있을 것이다. 누구나 인정하는 훌륭한 사람이 겸손을 갖추었다면, 즉 스스로에 대해 부족한 사람이라고 낮출 줄 아는 사람이라면 많은 사람들의 존경을 받게 될 것이다.

세상에 나서기 전에 내 안에 겸손의 향기가 있는지 점검하라. 진심으로부터 우러난 마음으로 타인을 존중하며 사는지 확인하라. 세월이 흐를수록 점점 더 실감하게 되는 사실은, 진실로 겸손할수록 그 삶은 더 평화롭다는 것이다. 마음이 평온한 사람만이 행복한 인생이란 찬란한 대지 위에 첫 발을 디딜 수 있음을 잊지 말라.

가슴 설레는
기다림을
느껴보라

그 사람이 멀리서 다가오는 소리가 들려오는 것만 같습니다. 나지막한 발자국 소리를 내며 꽃잎 깔린 길을 걸어오는 그의 향기는 내 심장을 뛰게 하고 내 입술을 파르르 떨리게 합니다. 나는 이제 호흡조차 힘에 겨운 상태에 처해 있습니다. 그 사람을 기다리면서.

사랑하는 사람을 기다리는 시간은 지루하지 않다. 그 시간은 천사들이 화사한 비단옷을 차려입고 지상으로 내려올 준비를 하는 설레는 시간이다.
 누군가를 아무런 약속 없이 기다려본 적이 있는가. 그것은 아무런 대가를 바라지 않고 누군가를 돕는 일처럼 순수한 일이며, 비밀스러운 기쁨과 같다. 그대의 삶이 한없이 공허해지고 무기력함의 절정으로 향하고 있다면 사랑하는 사람을 기다리는 시간을 가져보라. 그는 이 지상에 존재하는 사람이어도 좋고, 자신의 상상 속에만 살아 있는 백마 탄 왕자님 또는 아름다운 여인이어도 좋다.

평소 멋진 곳이라고 느꼈던 장소에 가보자. 맑은 새들의 웃음소리와 투명한 햇살 속에서 첫사랑을 기다리는 소년처럼 떨리는 마음으로 그 누군가를 기다려보는 것이다. 고즈넉한 벤치에 앉아서 후박나무 잎이 떨어지는 모습을 바라보며 가없는 기다림의 시간 속으로 들어가자. 그리고 상상 속의 연인을 기다리는 설렘을 느껴보라.

어쩌면 그대가 기다리는 그 사람은 10년 동안 만나지 못했던 사람일 것이다. 너무도 그리웠던 그를 만난다는 기대에 밤새 잠 못 이룬 그대의 눈가는 벌써 촉촉해져 있다. 현실의 벽에 부딪혀 헤어질 수밖에 없었지만 하루도 잊지 못하고 그리워했던 그를 만난다면 무슨 말을 할까.

소소한 기다림의 시간을 기꺼이 감수할 줄 아는 사람은 행복한 사람이다. 그는 누군가를 기다리는 것을 고통스럽게 생각하거나 지루하게 여기지 않고 감사한 마음을 갖는다. 비록 기다리는 사람이 오지 않을지라도 내게 기다림의 설렘을 선물해 주지 않았는가. 그를 그리워할 수 있는 행복한 순간을 만들어주지 않았는가.

누군가를 기다리는 것은 세상의 복잡한 일들로부터 잠시 벗어나 우리의 영혼을 조금이나마 안식할 수 있게 한다. 가끔은 기다림에 가슴 설레어보라. 그가 영원히 오지 않는다 해도 가만히 귀 기울여 그의 발자국 소리를 상상해 보라. 그를 그리워하며 촉촉해지는 가슴을 느껴보라. 그러한 기다림의 시간은 그대의 영혼을 샘물처럼 정화시켜 줄 것이다. 그대 안의 메말라 가는 낭만을 다시 눈뜨게 해줄 것이다.

선택에 따라
행복과 불행의 자리는
바뀐다

오늘도 어김없이 모든 이들에게 같은 양의 하루가 주어졌다. 사람들은 저마다 바쁜 일상에 쫓겨 분주할 때 나는 오래된 가구처럼 홀로 앉아 인간과 우주에 대하여 명상에 잠긴다.

　가슴 한복판에 이글거리는 불덩이를 안고 살아가는 수많은 사람들, 바람 빠진 풍선마냥 무기력하게 이끌려 살아가는 사람들……. 행복보다는 불행이 더 친근할 정도로 세상살이는 사람들을 고통스럽게 하고 지치게 한다.

　우리는 누구나 행복해질 수 있다. 그리고 누구나 불행해질 수도 있다. 행복이란 동전의 양면을 지니고 있어서 스스로 행복하고자 노력하지 않을 때 곧바로 불행으로 이어질 수 있다.

또한 행복은 어느 날 방문하는 것이 아니라 스스로 만들어내는 것이다. 행복을 만들어내는 사람만이 그 즐거움을 누릴 수 있다. 바로 자신을 사랑할 줄 아는 사람이 그들이다. 그리고 자신을 사랑하는 그 마음으로 다른 대상에게 사랑을 실천할 줄 아는 사람이다. 실천하지 않는 선은 선이 될 수 없듯이 가슴속에 깃든 사랑을 베풀 수 있어야 비로소 그는 행복한 사람이 되는 것이다.

사랑하는 방법을 깨우치기 위해서는 수많은 시행착오를 거쳐야 한다. 일종의 단련의 과정을 거쳐야 하는 것이다. 대장장이의 망치질에 두들겨 맞고 뜨거운 불 속에 넣어지는 담금질을 통해 새로운 모습으로 태어나는 쇠처럼 사랑에도 단련의 시간이 필요하다. 그 시간은 생활에서 부딪히는 나쁜 감정들, 즉 타인에 대한 증오와 불신의 불꽃을 이해와 사랑이란 물로 꺼뜨리는 과정이다.

또한 그대가 행복을 바란다면 진실함을 갖춰야 할 것이다. 거짓된 삶은 그대의 행복을 갉아먹는 해충과 같다. 거짓으로 쌓아올린 부, 거짓으로 쟁취한 성공은 영원히 지속될 수 없으며 오히려 인생을 파멸로 이끌 것이다. 거짓이란 원래 신기루처럼 현혹시키는 것, 영원하지 않은 것이기 때문이다. 그대가 지닌 아름다운 진실성을 빛내기 위해서는 한 점의 거짓도 섞이지 않도록 노력해야 한다.

진실한 행동에는 정직이 뒤따른다. 사람을 대할 때도 정직함이 없이는 자기의 진실성을 전할 수 없으며, 상대방의 마음을 얻을 수 없다. 어떤 행동을 함으로써 얻을 대가나 이득을 따지기보다 타인

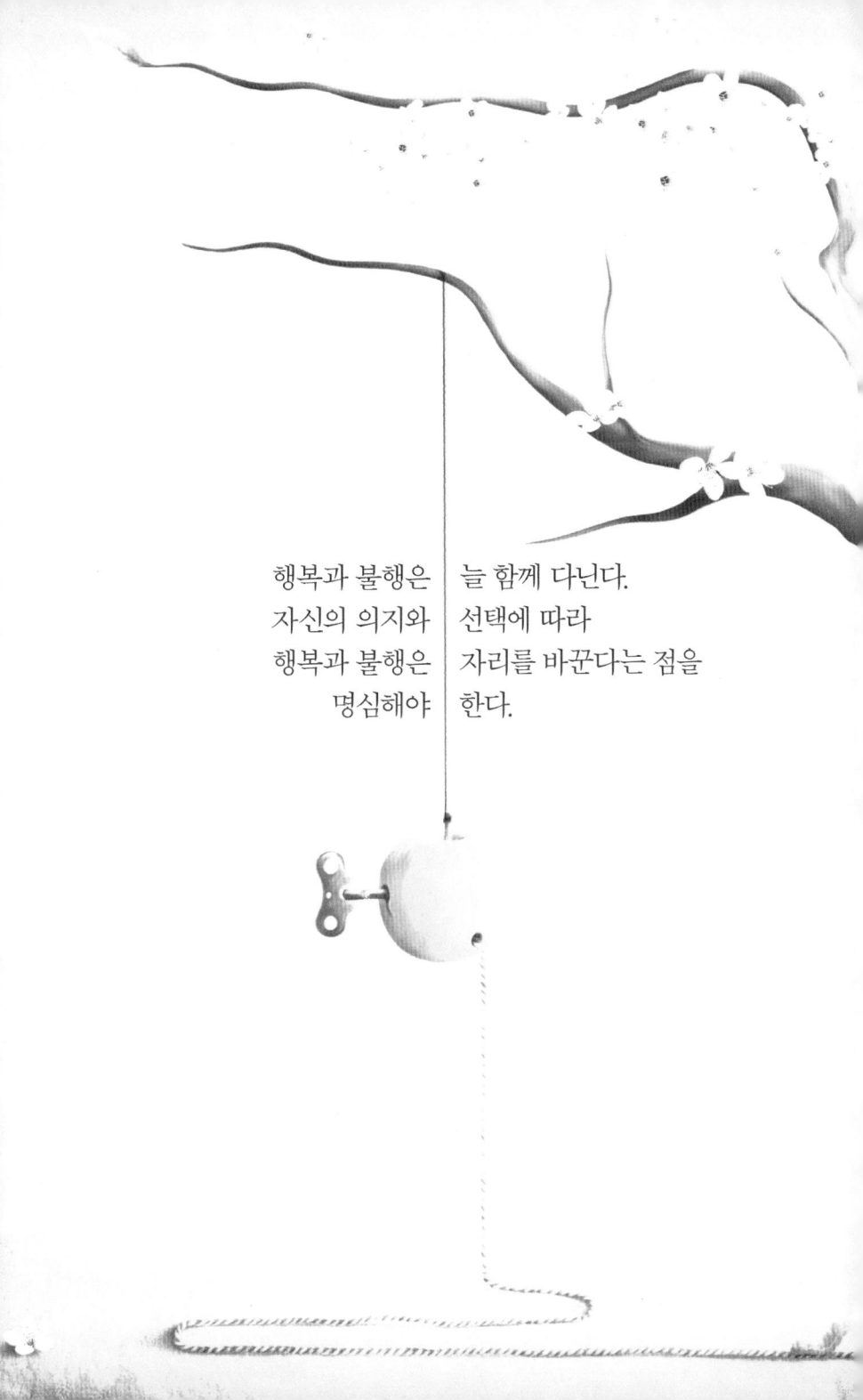

행복과 불행은 늘 함께 다닌다.
자신의 의지와 선택에 따라
행복과 불행은 자리를 바꾼다는 점을
명심해야 한다.

을 배려하고 사랑하는 마음을 우선에 두어야 한다. 그러한 배려가 바로 자신을 행복하게 하는 방법이기 때문이다.

　행복과 불행은 늘 함께 다닌다. 자신의 의지와 선택에 따라 행복과 불행은 자리를 바꾼다는 점을 명심해야 한다.

'할 수 있다'는 믿음이 꿈을 이룬다

긍정적이고 적극적인 생각은 현대의학으로 고칠 수 없는 불치병도 낫게 할 수 있고, 이전에 존재하지 않았던 것을 새로 만들어내기도 하며, 소심한 사람을 용감한 장군으로 이끌기도 한다. 따라서 어떤 식으로 생각하고 사느냐 하는 것은 무엇을 먹고 무엇을 입고 무슨 일을 하고 사느냐보다 더 중요한 것이다.

그대가 무엇인가를 배우려고 한다. 곁에서 이렇게 말하는 친구가 있다.

"그 방면에 소질 없는 것 같아. 시간과 돈만 낭비할걸?"

다른 친구는 이렇게 말해준다.

"잘 생각했어. 뭔가를 배운다는 것은 좋은 일이야. 이번 기회에 새

무엇을 하고 싶은가.
할 수 있다고 믿으면 할 수 있다.
주문을 외듯 나는 그 일을 해낼 수 있다고
소리 내어 말해 보라.
두려움은 늙어버린 자의 것이다.

로운 분야에 대해 공부하는 것도 좋은 것 같아. 너는 잘 해낼 거야."

우리는 때로 이렇게 할까 저렇게 할까 고민하고 갈등할 때가 있다. 그때 우리 곁에는 서로 다른 충고를 해주는 사람들이 있다. 둘 다 진심어린 충고라고 할 때 과연 그대는 어느 쪽을 선택할 것인가.

경험에 비추어볼 때 '할 수 없어'라고 생각하면 정말 도전할 수 없게 된다. 반면 '나는 해낼 거야'라고 생각하면 생각보다 어렵지 않게 그 길을 갈 수 있다. 설령 그 결과가 좋지 않더라도 할 수 있다고 생각했을 때의 실패는 또 다른 일에 도전할 수 있는 힘과 용기를 심어주기에 충분하다. 그러므로 어떤 선택의 상황에서도 '나는 할 수 있다'는 생각으로 임해야 한다. 그러한 자신감은 도전할 때 중요한 무기가 될 것이다.

지금 이 글을 그대가 읽고 있다는 것이 그 증거이다. 나 역시 할 수 있다는 신념으로 글을 써왔기 때문이다. 나는 사람들에게 삶의 친구가 되어줄 수 있는 책, 쓸쓸하거나 고통스러울 때 용기를 주고 위로해 줄 수 있는 책으로써 독자들과 만나겠다는 확고한 믿음을 가졌고, 이렇게 그 자리를 만들어냈다. 어느 무명작가의 믿음과 노력이 그대를 응원하고 있다. 간절하게 원하면 꿈은 이루어진다.

서른 살 인생의 황금기를 맞은 그대여, 꿈꾸어왔던 것에 도전하고 노력하라. 그대는 이미 충분한 경험과 지혜를 지니고 있기 때문에 자신감을 가지면 원하는 길을 갈 수 있다. 무엇을 하고 싶은가. 할 수 있다고 믿으면 할 수 있다. 주문을 외듯 나는 그 일을 해낼 수 있다고 소리 내어 말해 보라. 두려움은 늙어버린 자의 것이다.

그대는 무한한 잠재력을 지닌 또 하나의 우주이다. 그 깊이를 가늠할 수 없을 정도의 가능성을 지닌 하나의 세계이다. 누군가 부정적인 말을 하더라도 흔들리지 말고 자신의 가능성을 믿어야 한다. 스스로 할 수 있다고 격려하다 보면 어느새 그대는 그 능력을 지닌 존재가 되어 있을 것이다. 한 번뿐인 삶, 멋지게 살아봐야 하지 않겠는가. 자신에게 긍정적인 물을 주어라.

그대보다 더
존귀한 이는
없다

　꽃은 자신의 존재를 알리려 억지로 애쓰지 않는다. 누가 알아주지 않더라도 제때가 되면 싹을 피우고 꽃잎을 만들어낸다. 무심코 지나가던 사람들은 싱그러운 꽃향기를 맡고 나서야 꽃의 존재를 알아차린다.

　꽃 중에는 매혹적인 향기로 많은 사람들에게 사랑받는 장미도 있지만 이름조차 알려지지 않은 야생 들꽃도 있다. 화려한 색깔이나 아름다운 모양으로 인기를 얻는 꽃이 있는가 하면 향기도 없고 모양도 볼품없는 꽃들도 있다. 그러나 자신의 존재를 몰라봐준다 하여 들꽃이 들꽃이기를 거부하거나 다른 꽃으로 변신하는 일은 없다. 얼마나 고고한 삶인가. 이처럼 세상에는 여러 종류의 꽃이 각각의 개성을 지닌 채 조화를 이루며 공생하고 있는 것이다.

인간의 세계는 어떠한가. 남들에게 자신의 가치를 알려야만 살아남는다는 사고방식이 만연해 있지 않은가. 스스로 확고한 가치관을 가치고 시류에 흔들리지 않으며 살아가기란 수월하지 않다. 주변 사람들 중에 부동산 투자나 주식 투자로 일확천금을 벌었다거나 친구가 갑자기 출세했을 때 마음이 편치 않은 것은 당연한 일이다. 그들의 성공은 자기 자리에서 열심히 노력해 온 자신을 비웃는 것 같기도 하고 왠지 모를 박탈감에 가슴을 쓰리게 하기 때문이다. 그러나 우리는 쉽게 돈을 벌거나 한순간에 유명해진 사람들을 부러워하는 한편 자기 앞에 주어진 현실에 충실하고자 애를 쓴다.

미모와 향기를 다투지 않는 꽃들에게 우리는 살아가는 지혜를 배워야 한다. 자신을 남들과 비교함으로써 좌절하는 것은 무의미하다. 그러한 감정에 휩쓸리다 보면 신세를 비관하게 될 뿐만 아니라 자기 삶의 주인이 되지 못한 채 낙오자가 될 수밖에 없다. 자기만의 능력과 자기만의 개성을 믿고 자기만의 목표를 향해 하루하루 노력하는 꽃의 지혜가 필요하다.

그대는 이 세상에서 가장 존귀한 사람이다. 그 누가 그대보다 더 소중하겠는가. 스스로를 귀하게 여기는 감정은 자기애에 빠져 현실을 도피하는 것이 아니라 용기 있게 살아갈 수 있는 긍정의 힘이다. 모든 꽃이 아름답듯이 모든 인간은 존귀하다. 이전에도 없었듯이 그대와 똑같은 사람은 이후에 존재할 수 없으니 얼마나 소중하고 귀한 존재인가.

 불공평한 세상에 대해 분노가 치밀어 오르는가? 사는 게 지겹고 앞날이 불투명한가? 제 생명에 충실한 풀 한 포기를 보라. 오늘도 가늘고 야윈 뿌리로 초록빛을 밀어 올려 세상을 아름답게 꾸미고 있지 않은가. 우리는 이 세상에 꼭 필요한 사람임을 잊어선 안 된다. 저마다 태어난 이유가 있으며, 해야 할 일이 있으며, 나누어야 할 사랑이 있다.

어머니에게
선한 삶을
배우다

 한겨울, 먼동이 틀 무렵부터 어머니는 딸을 위해 밥을 짓기 위해 불을 지피시곤 했다. 나는 따끈한 아랫목에 앉아 어머니가 해주신 밥을 먹고 해바라기처럼 자라났다. 어머니의 인내와 희생으로 무사히 살아온 나날들이었다. 구부러진 등에 삶의 무거운 짐을 지고서 저 영원한 곳으로 떠나신 어머니를 그려본다.
 어머니는 내게 무한한 상상력을 물려주신 분이다. 하루의 끝자락에 누워 잠이 들 무렵이면 어머니는 옛날이야기들을 들려주시곤 했다. 이야기가 어찌나 실감나고 생생하던지 마치 눈앞에 주인공들이 등장한 것 같은 착각이 들 정도였다. 어린 나는 블랙홀에 빨려들듯 어머니의 이야기 속으로 행복하게 빠져 들어갔다.

그런 어머니는 주렁주렁한 감자알 같은 자식들을 굶기지 않으려고 혼자 몸으로 고된 삶을 살아내셨다. 푸념 한마디 없이 이른 새벽부터 캄캄한 밤까지 쉬지 않고 일하시면서도 어머니는 내게 늘 이렇게 당부했다.

"착하게 살아라. 다른 사람에게 나쁘게 대하면 자신이 다 돌려받는 거야. 남에게 착하게 대하면 복을 받고 잘 살게 되지만 남에게 상처를 주면 꼭 그 대가를 치르게 된단다. 그러니 너는 꼭 착하게 살아야 돼."

나의 마음에 각인이 될 정도로 여러 번 들려주셨던 말씀이다. 어머니는 이런 가르침을 말로만 하신 것이 아니라 생활 속에서 행동으로 모범을 보여주셨다. 억울한 일이 있어도 남을 흉보거나 원망하지 않았으며, 늘 이웃에게 다정하게 대했으며, 윗사람을 공경했다. 그런 어머니를 바라보는 동안 어느새 나의 맘속에도 '착하게 살아야지' 하는 다짐이 새겨졌다.

그러나 선한 삶을 산다는 것은 말처럼 쉽지만은 않은 일이다. 우리 사회에서 선하다는 것은 바보스럽거나 어수룩하다는 뜻으로 통하기 때문이다. 언젠가 나는 어머니가 틀렸다고 생각한 적도 있다. 착하게 산다는 것은 어리석은 짓이며, 악한 사람들에게 이용당할 뿐이라고 생각한 것이다. 그러나 살면서 이런저런 일을 겪으며 결국 어머니를 인정할 수밖에 없었다. 실천에 옮기기는 어렵지만 어머니가 가르친 삶이 옳다는 것을 깨달은 것이다.

선한 삶은 타인을 고의적으로 괴롭히지 않는 것이다. 타인의 삶을 그대로 존중해 주는 것이다. 타인을 내 방식대로 변화시키려고 시도하거나 강요하지 않는 것이다. 연민의 마음을 갖은 것이다. 자신에게 고통을 안겨준 자에게 복수하거나 벌주지 않는 것이다. 타인을 멸시하지 않는 마음자세이다.

선함은 어리석음이 아니라 인간 세상에서 가장 성스러운 가치이다. 어머니의 지침이 없었다면 나는 나쁘고 추악하고 악한 것들에 일일이 대응하느라 지쳐 쓰러지고 말았을 것이다.

오늘도 어머니는 산새 소리 가득한 고향집에서 착한 마음으로 살아가라는 가르침을 꿈결처럼 보내오신다.

알겠습니다. 어머니 말씀이 맞습니다.

다양한 경험은
다이내믹한 삶을
이끈다

  사람은 자신이 지닌 재능을 살려 한눈팔지 않고 몰두할 때 그렇지 않은 사람보다 빨리 성공하게 마련이다. 이처럼 한우물만 고집하는 삶은 그 나름대로 가치 있는 삶이다. 그러나 삶을 풍부하게 살려면 다른 분야의 다양한 경험들을 쌓아보기를 권한다. 이러한 경험들은 인생의 가시덤불을 헤치며 나아가는 데 실질적인 도움을 줄 수 있다.

  나의 경우 어린 나이에 고향을 떠나 낯선 대도시에서 생활해야 했다. 또래의 다른 친구들은 부모님의 따뜻한 보살핌 속에서 안정적으로 공부했지만 나는 형편상 도시로 나와서 공부할 수밖에 없었다. 오빠와 친척 언니가 든든한 보호자가 되어주었지만, 흙과 풀

냄새에 익숙해져 있던 내게 도시의 검은 아스팔트와 차가운 빌딩은 낯설고 어색하기만 했다. 그러나 어느 정도 기간이 지나자 조금씩 도시생활에 적응하면서 도시의 일원이 되어 있었다.

그때의 나는 사춘기의 절정에 홀로 서 있었다. 앞날을 스스로 개척해야 한다는 생각으로 아르바이트를 하면서 공부를 했다. 그 무렵 도시에서 만난 새로운 친구들과 우정을 키웠으며 몇 년 동안 수많은 경험을 통해 성숙해질 수 있었다. 그 경험 속에는 행복한 기억도 있지만 고통과 슬픔도 적지 않았다. 만약 그 시절, 고향의 어머니 곁에서 고향의 단짝친구들과 지냈다면 그러한 새로운 경험들은 겪지 못했을 것이다. 지금에 와서 보면 그때 시련으로 여겼던 경험들이 훗날 나의 자양분이 되었다. 그래서 그런지 가끔 그 시절이 그리워지곤 한다.

그대의 삶은 어떠한가. 익숙한 장소에서 친숙한 사람을 만나 비슷비슷한 일상을 살아가고 있지 않은가? 생활의 변화가 없는 무미건조한 삶은 새로운 깨달음이나 넓은 안목을 키울 수 없다. 이제 일상의 패턴에서 벗어나 전혀 다른 환경에 도전해 보라. 스스로 상상조차 못했던 일이라면 더 좋을 것이다.

다양한 경험을 가진 사람은 재물이 많은 사람보다 더 다이내믹한 삶을 연출할 수 있다. 사무실에서 컴퓨터만 다루는 일을 하는 사람은 육체적으로 활동하는 분야에 도전하여 새로운 즐거움을 찾아보라. 육체적인 일을 하는 사람이라면 그림이나 영화나 독서와 같이 정신세계를 자극하는 취미를 가져보라. 또 도시에서 살아온 사람이라면 시골여행을 통해 자연의 아름다움을 만끽해 보라. 수많은 사람을 만나는 직업에 종사하는 사람이라면 명상의 세계에 발을 들여보아라. 취미생활에서 더 나아가 아르바이트를 해보는 것도 좋은 방식이다. 좀 더 적극적으로 경험함으로써 깊은 깨달음을 발견할 수 있기 때문이다.

공짜로 이루어지는 것은 없다. 많은 것들을 보고 느끼고 익힌 만큼 대가를 받게 되어 있다. 다양한 경험을 하는 것은 성공과 행복을 얻기 위한 사전 준비운동이다. 준비운동을 충분히 할수록 실전에서 제 실력을 발휘할 수 있는 것처럼 다양한 지식과 지혜를 습득한 사람에게는 인생이 그 어떠한 게임보다 즐거울 것이다.

이것이
마지막이라는
생각이 들 때
다시 일어서라

 한겨울 살갗을 에는 바람 속에서 신문지 몇 장으로 몸을 가리고 잠을 청하는 노숙자들을 본 적이 있는가. 바싹 마른 몸, 훌쭉하게 팬 두 볼에 고단한 사연이 잠겨 있는 그들의 표정을 본 적 있는가. 행인들의 연민 어린 시선이나 싸늘한 시선들은 자포자기한 그들을 일깨우지 못한다.
 그들에게는 희망이란 글자가 뇌리에서 까맣게 지워져버렸을지도 모른다. 그들에게 희망이나 긍정적 사고라는 것은 가진 자들의 여유일지도 모른다. 지금 그들의 모습에는 예전의 모습을 상상할 수 있는 단 하나의 흔적도 발견할 수 없다. 아마 그들도 예전에는 좋은 집과 사랑하는 가족과 든든한 생업을 가졌으리라. 어떤 고난이

그들을 막장까지 오게 했을까.

우리는 살면서 수많은 실패와 역경에 가로막히곤 한다. 스스로 잘 이겨내기도 하지만 혼자 힘으로는 도저히 감당할 수 없는 절체절명의 난관에 다다르게 되기도 한다. 누군가 도와줄 사람이 있다면 다행히 그 위기를 벗어날 수 있겠지만 운이 따르지 않는 경우에는 불행을 막을 도리가 없다.

인생이란 항상 시원하게 뚫린 고속도로나 막힘없이 흐르는 강물처럼 전개되지 않는다. 안전운전을 해도 한순간 교통사고를 당할 수 있고 가뭄에 물길이 말라버리기도 하듯이 커다란 위기가 닥치면 꼼짝없이 그 불행에 휩쓸려버리고 마는 것이다.

태어난 이래 단 한 번도 실패나 고난을 겪지 않고 살아간다면 그는 운 좋은 인생이라 할 수 있을까? 과연 그 삶은 행복할까? 그것은 마치 하루 종일 아무 일도 하지 않은 채 푹신한 침대에 누워 누군가가 만들어준 음식을 먹으며 지내는 것과 같이 무미건조한 나날들일 것이다. 고난이 없으면 즐거움도 없기 때문이다. 신은 인간에게 적절한 역경과 고난을 안겨주었다. 인간은 누구나 예외 없이 크고 작은 문젯거리를 지니고 살아가고 있으니 말이다.

이것이 내 인생의 마지막이라는 생각이 들 만큼 절망적인 상황에서 벗어날 수 없는 상황을 생각해 보자. 아무리 필사적으로 벗어나려 해도 점점 더 깊고 어두운 절망의 수렁으로 빨려 들어갈 때, 주위 사람들마저 그런 그대를 비정하게 외면할 때, 돈도 없고

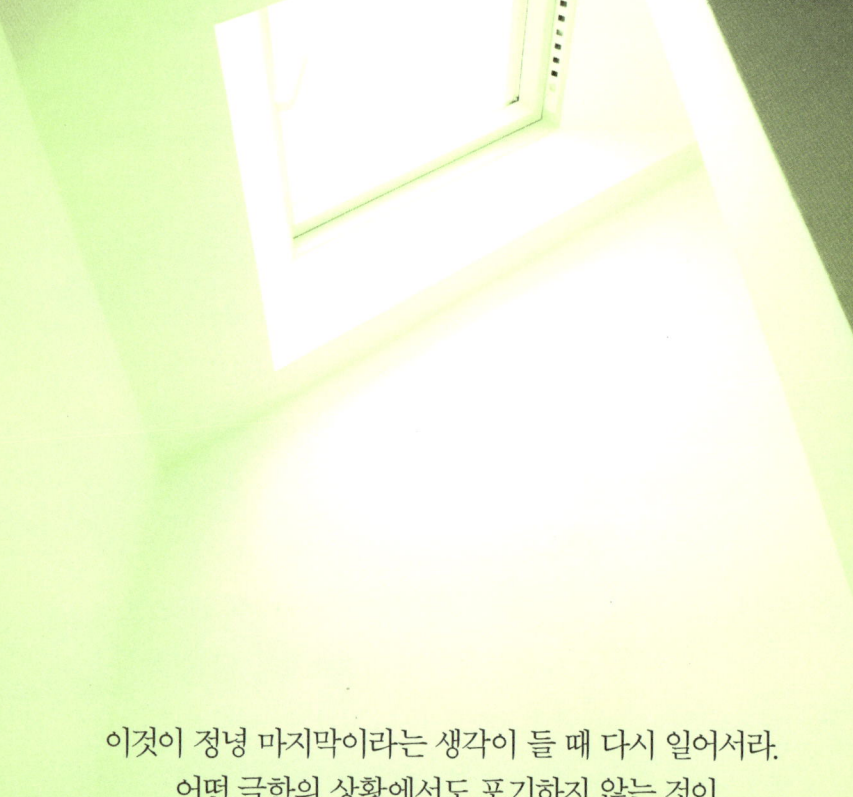

이것이 정녕 마지막이라는 생각이 들 때 다시 일어서라.
어떤 극한의 상황에서도 포기하지 않는 것이
유일한 희망이다. 그대가 끝이라고
인정하지 않는 한 끝난 것이 아니다.

동료도 떠나고 울타리가 되어줄 가족마저 떠나갈 때를 상상해 보자. 심지어 억울한 누명까지 뒤집어써서 어렵게 쌓아올린 명예마저 짓밟혔을 때 그대는 세상으로부터 버림받은 듯한 고통을 느끼게 될 것이다.

이것이 정녕 마지막이라는 생각이 들 때 다시 일어서라. 어떤 극한의 상황에서도 포기하지 않는 것이 유일한 희망이다. 그대가 끝이라고 인정하지 않는 한 끝난 것이 아니다. 돈이 없으면 스스로 할 수 있는 최소한의 일거리를 찾아야 한다. 액수를 따지지 말고 새롭게 다시 재기할 수 있는 끈을 잡는다는 심정으로 무슨 일이든 해야 한다. 하찮은 일이라도 일에 몰두할 수 있다면 그대는 새로운 기회를 가진 것이다.

믿었던 사람에게 배신을 당했거나 실연의 늪에 빠졌다면 증오할 힘으로 상대를 진심으로 용서하라. 상대가 자신의 등에 칼을 꽂았다고 해도 그를 향해 보복의 화살을 겨누지 말라. 복수라는 것은 자신을 해방시키는 것이 아니라 더 극심한 고통으로 이끄는 행동이다.

사회생활에서 받는 압박감을 견딜 수 없다면 과감하게 다른 일에 도전하라. 지금 그대는 젊고 성공에 이르는 길은 여러 갈래라는 것을 기억하라. 살면서 새로운 길을 찾아야 하는 경우는 얼마든지 생길 수 있다. 뜻하지 않은 질병에 시달려 절망에 빠져 있다면 '왜 나인가' 하고 원망하기보다는 스스로 치료하고 말겠다는 뚝심으로 병과 싸워야 한다. 육체의 병은 심리의 병이기도 하다. 마음으로 병을 받아들이는 순간 그대는 병에 잠식당하고 마는 것이다. 긍정적인 마음은 기적을 만들어낼 수 있다.

 삶의 길에는 수많은 복병들이 있어 때때로 우리들을 괴롭히고 우리를 나약하게 만들곤 한다. 그러나 그 어떤 것도 희망과 의지를 가진 나를 이길 수는 없다. 우물 밑바닥에서 올려다보는 하늘이 더 높고 푸르듯 인생의 가장 낮은 곳에서 다시 일어섰을 때 하늘에는 눈부신 행복의 별이 빛나고 있을 것이다.

생명과
비교할 만한
가치는 없다

눈에 넣어도 아프지 않을 아들들을 바라볼 때 나는 내 삶에 감사하지 않을 수 없다. 그들을 바라볼 수 있는 축복을 뼈저리게 실감할 때면 내게 맡겨진 순간들을 허투루 살 수가 없다. 두 생명을 책임지고 사랑해 주어야 하기 때문이다. 그것은 부모의 당연한 도리일 것이다.

그대에게 자녀가 있는가? 그렇다면 자신의 몸을 소중히 여겨라. 그대에게 부모가 있는가? 그렇다면 자신의 몸을 소중히 여겨라. 나의 몸은 나의 것만이 아니다. 부모의 것이고 자녀들의 것이다. 부모는 피와 살을 물려주셨고 자녀는 나의 피와 살을 가지고 태어났으므로 그들을 위해서라도 우리는 건강하게 살아갈 의무가 있다.

세상에 생명과 비교할 만한 가치는 없다. 세상에 생명 가진 모든 것들은 동물이든 식물이든 인간이든 미물이든 같은 생명체이기 때문에 모두 소중하다. 그러나 인간은 이러한 기본적인 진리를 자주 잊는 것 같다. 가족처럼 생활하던 반려동물들을 무책임하게 길거리에 버리는 사람, 사랑의 대가로 얻은 생명을 낙태하는 사람, 장애인들을 차별하는 사람, 유색인종을 차별하는 사람 등등…….

세상에 태어난 모든 존재를 나와 같이 사랑할 줄 아는 마음이 필요하다. 한쪽으로 치우치지 않고 공평한 마음. 남들보다 약하거나 열악한 처지에 있는 존재에 대한 연민이 필요하다. 눈에 보이는 보상은 없다. 다만 생명 존중의 따뜻한 마음을 가질 수 있는 스스로가 자랑스럽지 않은가. 눈에 보이지 않는 보상이지만 물질적인 대가나 찬사보다 더 뜻깊은 선물이 될 것이다.

눈에 보이는 것만 믿는 것은 일차원적인 수준의 사람이다. 행복한 사람은 좀 더 고차원적인 수준에서 생각하고 만족한다.

얼마 전 세상을 깜짝 놀라게 한 어느 작가의 마지막 이야기를 기억한다. 그녀의 곁에서 마지막을 함께한 몇 개의 빵과 라면, 그리고 옆집에 남겨진 쪽지 한 장. 김치와 밥이 간절했던 그녀의 현실을 돌보지 못한 것에 대해 사람들은 깊은 반성을 할 수밖에 없었다. 나 또한 글을 쓰는 입장인지라 남의 일 같지가 않았다. 그녀가 살아 있을 때 왜 우리는 그 아픔과 상처를 위로해 주지 못했을까. 하늘에서 행복하시길.

능력 있는 작가가 병과 굶주림으로 쓰러져 죽어갈 때 어떤 작가는 수천만 원의 인세를 받는 것이 우리 사회의 현실이다. 그러한 잔인한 현실 아래 수많은 무명의 존재들이, 자기 생명의 가치를 발휘하지 못한 채 스러져 가고 있다.

 세상에 태어날 수 있는 것은 축복이다. 우리 주변에 그러한 축복을 받은 존재들은 수없이 많다. 측백나무 위의 참새 한 마리, 해맑은 미소를 짓고 있는 코스모스, 어제 다투었던 친구, 눈엣가시 같은 직장 간부…… 그 모든 존재는 당신과 만난 생명이며 보이지 않는 끈으로 연결된 존재일지도 모른다. 생명 사랑을 연습하자.

울지 말기를…
그대는
혼자가 아니다

가늘게 떨리는 어깨 위에 무겁게 내려앉은 쓸쓸함, 그 무게에 눌린 그대의 마음은 고요 속으로 침잠한다.

"수고했어요. 정말 오랜 시간 고생하셨어요. 그래도 이렇게 지금까지 버티어낸 것만도 정말 고마워요."

나는 그대에게 그렇게 말해줄 것이다. 그대를 만난다면.

나는 너무나 외로웠다. 외롭지 않은 삶을 상상할 수 없을 정도로. 늘 쓸쓸했다. 즐거운 삶을 상상할 수 없을 정도로. 늘 그렇게 살아왔으므로 앞으로도 그렇게 살아가는 것이 당연한 줄 알았다. 나만 그런 줄 알았는데 그대도 그렇게 외로웠다는 걸 알게 되었다. 그대도 나처럼 혼자만의 허무에 시달렸음을. 핏기 잃은 그대의 얼굴에 붉은 온기가 되살아나기를 바라는 것은 그대와 내가 같은 심정이기 때문이다.

어떻게 알게 되었을까. 우리 서로 만난 적도 얼굴을 본 적도 없는 사이인데. 그것은 우리 사이에 연결된 보이지 않는 끈이 있기 때문이다. 모든 인간들 사이에는 그런 끈이 가슴에서 가슴으로 연결되어 있다. 특히 그대와 나는 특별한 끈에 의해 하나로 이어졌다. 우리는 독자와 저자 그 이상의 관계가 되었으므로 이제 쓸쓸함에 대하여 마음을 터놓고 공유해야 하는 것이다.

소용돌이치는 세상에서 독립된 한 존재가 제대로 살아간다는 일은 참으로 힘겨운 고행이 아닐 수 없다. 과연 누가 인생을 즐겁다 할 것인가. 나는 인생은 슬픔덩어리라고 생각한다. 누구든 인생의 험난한 파도가 몰아치면 죽음의 공포 속에서 견뎌야 하는 것이다. 특히 안 좋은 일들이 연달아 닥치는 것처럼 지독한 경우는 없다. 어떤 성실한 가장은 한 순간에 주식투자로 재산을 날리고 가정의 불화로 가족들과 헤어진 뒤 건강까지 잃어 폐인이 되기도 한다. 이 모든 과정이 한순간에 닥쳐오면 아무리 의지가 강한 사람이라도 버텨낼 수 없을 것이다. 그러나 행복과 불행은 샴쌍둥이처럼 붙어 있기 때문에 절망의 순간에도 희망은 생겨나게 마련이다.

지금 사방이 가로막힌 절망의 동굴에 갇혀 아파하고 있는가. 고독의 술잔을 기울이며 혼자라는 외로움에 울고 있는가. 그대는 혼자가 아니다. 적어도 절망의 나락에서 돌아온 한 사람만큼은 당신

곁을 지켜주고 있다. 그대와 같은 사연은 아니겠지만 적어도 나는 그 아픔을 이해한다.

어두운 밤 까만 밤하늘에 빛나는 별들을 바라보며 피를 토하듯 눈물을 쏟아냈던 기억, 어둠조차도 내게 비수를 꽂는 것처럼 모든 것이 낯설고 무서웠던 시간, 땅이 꺼지고 하늘이 무너지는 것 같은 절망이 닥쳐왔어도 나는 결코 삶을 포기하지 않았다. 그런 데다 목숨이 위태로운 순간까지 찾아왔지만 나는 수술대 위에 누워서도 절망과 타협하지 않았다.

우리는 누구나 꿈을 하나씩 지니고 이 세상에 온 것이다. 그 꿈은 어떤 빛나는 보석보다 더 아름답고 가치 있는 것이다. 모든 사람에게는 다 각각의 꿈이 유전자처럼 새겨져 있다. 그 꿈을 위해서라도 우리는 슬픔과 절망을 밀치고 앞으로 나가야 한다. 그대가 지금 겪고 있는 고난과 고통은 새로운 기회와 희망을 주기 위한 단련의 시기이다. 그대는 분명히 하고자 하는 일을 할 수 있고 간절히 바라는 사람이 될 수 있다.

오래 슬퍼할 겨를이 없다. 우리의 인생은 너무나 짧고 찬란하기에 그대가 꿈을 이루는 날, 그때 비로소 기쁨의 눈물을 흘리자. 그때까지 남몰래 울지 않기.

죽음에 대한
두려움은
뜨겁게 살게
하는 힘이다

내가 꽃봉오리같이 어렸을 때 길거리에서 파는 금붕어를 산 적이 있었다. 장사꾼의 달콤한 호객행위도 없었건만 금붕어의 아름다움에 홀려 물고기를 집에서 키우기로 했다. 자식을 입양해온 부모의 심정으로 집에 모셔온 금붕어 세 마리. 며칠 동안 오색찬란한 무늬를 자랑하며 활기차게 어항 속을 휘젓고 다니던 금붕어들이 어느 날 오후 물 위에 둥둥 떠 있는 것을 발견했다. 마치 잠자는 것처럼 평온한 표정으로 수면에 떠오른 금붕어들. 그것이 죽음임을 알았을 때 가슴속에서 쏴아 하는 파도가 일었다.

내가 목격한 또 다른 죽음은 집에서 키우던 백구의 죽음이었다. 백구는 몽실몽실한 흰털을 날리며 동구 밖까지 나와 학교에 돌아오는 나를 반겨주곤 했다. 그러던 어느 날 밭에 풀어놓은 쥐약을 먹고 새빨갛게 충혈된 눈으로 비틀거리며 다가오는 백구를 보았다. 백구가 떠나는 순간을 떠올리면 지금도 가슴이 아프지만, 당시 나는 죽음이 무엇인지 아직 실감할 수 없는 어린 나이였다. 다만 백구의 맑은 눈동자, 그 안에 담긴 생명의 뭉클한 감동이 느껴지곤 한다.

인생에 죽음이 있다는 걸 미리 알 수 있다면 아마 세상에 태어나지 않는 쪽을 선택할 사람도 많을 것이다. 그러나 어찌하랴. 이미 던져진 주사위처럼, 엎질러진 물처럼 돌이킬 수 없이 주어진 삶. 죽음이 뭔지도 모르고 성장하다가 주변의 가까운 이들이 하나 둘 떠나가는 것을 확인하면서 우리는 죽음이라는 슬픔의 실체를 깨달아가는 것이다.

세상의 모든 인연과의 영원한 이별. 그것은 소름끼치는 두려움이다. 죽음 자체에 대한 두려움이라기보다는 사랑하는 모든 것들을 영영 볼 수 없다는 사실에 대한 슬픔이 두려운 것이다.

어쩌면 죽음에 대한 두려움은 그만큼 삶을 뜨겁게 살게 하는 힘이 될 수도 있다. 우리는 살아 있으므로 죽음이라는 순간을 두려워하는 것이며, 인생을 끝내는 그 순간을 행복하게 맞이하기 위해 살아 있는 동안 충실할 수 있는 것이다.

죽는다는 건 모든 생명의 어쩔 수 없는 운명이다. 죽음은 에너지를 자연에 회귀시키는 고결한 의식이다. 새롭게 태어날 존재와 지금 살아가는 존재를 위한 양분을 제공하는 것이기 때문이다. 그런 의미에서 죽음은 끝이 아니라 새로운 세계를 향해 떠나는 신나는 모험이거나 현실의 고통으로부터 자유로워지는 순간일 수도 있다. 그러므로 죽음의 순간이 언제 다가올지 두려워하기보다는 살아가는 일을 고민해야 한다.

어떻게 살 것인가. 어떻게 살아야 인간답게 살아갈 것인가. 어떻게 살아야 죽음 앞에서 부끄럽지 않을 수 있을까를 두려워할 일이다. 내일 어떤 일이 일어날지 아무도 알 수 없지만 산다는 것 자체에 경외심을 가지고 주어진 시간들을 충실히 보내야 할 것이다.

고독해 보지
않은 사람은
인생을
알 수 없다

  땅거미가 싸락눈처럼 깔리는 강변, 바람에 갈대가 서걱거리는 풍경⋯⋯. 이러한 풍경은 일찌감치 인생의 슬픔을 알아버린 나의 내면이었다. 열 살 되던 해 어느 푸른 날 하늘을 바라보던 중 문득 인간이라는 미미한 존재와 죽음에 대해 그리고 세상의 덧없음에 대해 깨달음 같은 것이 스쳐 지나갔다. 고작 열 살의 아이로서는 불가사의한 주제였으나 마치 인생의 커다란 비밀을 엿본 듯 고독이 밀려들었다.
  고독해 보지 않은 사람은 인생을 알 수 없다. 뜨거움을 느껴보지 않고서는 차가움을 알 수 없고, 소금의 짠맛을 맛보지 아니한 사람이 설탕의 달콤한 맛을 음미할 수 없듯이 살면서 고독을 느껴보

지 못한 사람은 인생에 대해 제대로 안다고 할 수 없을 것이다. 행복이라는 것도 마찬가지다. 생활의 고통, 사랑의 고독을 느껴보지 않은 사람은 그 과정 뒤에 찾아오는 기쁨과 즐거움이 얼마나 감사한지 가늠할 수 없다. 아름다운 바다 속 풍경을 보기 위해서 더 깊숙이 잠수하는 스쿠버다이버처럼 그대는 인생의 참의미를 알기 위해 더 깊은 고독의 바다에 기꺼이 몸을 던져야 한다.

고독의 순간만큼 고통스런 시간이 또 있을까? 하지만 그 시간은 자신의 영혼이 땅 위에서 가볍게 부상하는 시간이기도 하다. 그 순간에는 신묘한 어떤 기운이 고독한 자의 가슴에 뜨거운 열정의 불을 지펴주는 것처럼 새로운 힘을 느낄 수 있다. 그것은 우리를 더 원숙하게 하고 더 깊어지게 하여 세상을 딛고 설 수 있는 힘이다.

고독해지는 것을 고통이라고 생각하지 말라. 고독을 무조건 피하려고 하기보다는 그 순간을 충분히 받아들여 깊숙한 곳에서 자기와 만나는 시간을 가져보고 그로부터 얻게 되는 메시지에 귀를 기울여라.

자, 여기서 그대에게 기쁜 소식을 하나 알려주겠다. 사실 그대 주변의 사람들, 아니 세상 모든 사람들이 고독해 한다는 것이다. 타인에게 표출하지 않을 뿐 누구나 마음 한 구석에 숨어 있는 고독과 씨름하며 살아가고 있다. 인간은 모두 혼자만의 시간에 아픔과 외로움을 느끼며, 그 순간을 통과한 뒤에 더 성숙한 모습으로 발전하게 된다.

가끔씩 고독이란 스승을 정중히 초대하여 새로운 인생을 설계하라. 고독은 단순한 슬픔이나 단순한 절망의 시간이 아니며, 스스로를 비하하는 시간도 아니다. 앞으로 다가올 새로운 상황을 맞이하기 위한 준비, 즉 면역을 위한 몸살이라고 할 수 있다.

남의 마음보다
나의 마음부터
헤아려라

 이런 사람이 있다. 그는 동료의 기분이 변화된 것을 민감하게 눈치채고서 얼른 위로의 말을 들려주는 사람이다. 그런데 정작 본인의 마음이 어떻게 변화하는지는 자각하지 못한다. 그러다가 어느 순간 갑자기 슬럼프에 빠지듯 우울증을 앓게 된다.
 자신의 감정을 모르는 사람이 과연 다른 이의 마음을 진심으로 이해할 수 있을까? 그런 행동은 마치 자기 집 대문은 활짝 열어둔 채 다른 집 문을 지키는 격이다. 타인을 위로하고 배려할 줄 아는 것보다는 자신의 마음을 헤아리는 것이 더 중요하다.
 이런 행동은 복잡한 마음을 정리하지 못하여 방치한 것이며, 자신의 감정을 모른 척 회피하는 것이다. 원래 자신 안의 상처를 들여다보고 그것을 치료하거나 쓸모없는 것을 베어내는 작업은 누구에게나 힘든 일이다. 그러나 자신의 마음을 건강하게 관리하지 않으면 자아를 상실하는 결과를 초래할 것이다.

그대에 대해 가장 잘 아는 사람은 바로 그대 자신이다. 그러므로 꽃밭을 가꾸듯이 왜 마음에 생채기가 생겼는지 어떤 갈등을 겪고 있는지 살펴주어야 한다. 타인에게는 한없는 자비심으로 대하고 불우한 이웃을 위해 자원봉사를 하면서도 자기 자신을 보살피지 않는 것만큼 허무한 삶은 없다. 스스로 행복해지기 위해서는 마음속에 어떤 감정의 회오리가 불고 있는지, 그로 인해 어떤 불안을 느끼고 있는지 예민하게 검사해야 한다.

우선 잠시라도 혼자만의 조용한 시간을 가져보자. 두려움이라는 잡초, 슬픔이라는 잡초들을 하나씩 뽑아 그대의 꽃밭을 아름답게 하라. 창문을 활짝 열어 햇볕을 쬐이고 맑은 물을 가득 주어 촉촉하게 하라. 자기 자신과 대면하는 일은 어렵거나 피곤하게 여겨선 안 된다. 그것이 바로 자신을 사랑하는 일이기 때문이다. 세상에서 겪게 되는 수많은 경험으로부터 상처받지 않도록 자주 확인하는 것이야말로 자기 사랑의 시작이다.

빗방울이
우리에게
주는 메시지

 비가 내리는가 보다. 베란다 유리창을 두드리는 빗방울 소리가 구슬픈 멜로디처럼 잔잔한 파문을 일으킨다. 비 오는 날이면 마음이 한층 차분해지고 촉촉해져서 낭만적인 상상에 빠지기도 한다. 사랑하는 사람과 우산을 받고 비오는 거리를 걷는 상상, 빗속에서 고향의 흙길 언덕을 달려가는 상상…….

 집 아래 공터에 누군가 심어놓은 식물들이 비를 맞고 있다. 빗방울에 매끈한 마늘잎이 춤을 추는 풍경, 화초며 잔디며 할 것 없이 빗소리에 맞춰 축제를 벌이는 듯한 풍경에 기분이 좋아진다.

 비 때문에 감상에 빠지는 사람이 많은 걸 보면 인간은 순수한 존재라는 걸 느낀다. 원래 인간은 누구나 순수로 가득한 존재였던 것이다. 그러나 살아가면서 때가 묻게 되면서 처음에 어떤 순수를 간직했는지조차 잊어버리곤 하는데, 비는 가끔 우리의 순수함을 각인시켜 주는 듯하다. 빗방울이 더러운 길바닥을 씻어내듯 인간의 더께 낀 영혼도 씻기는 기분이 드니 말이다.

빗방울은 대지의 피가 아니겠는가. 우리의 혈관 속을 흐르는 붉은 피가 생명을 유지시키듯 빗방울은 자연에 생명을 불어넣는 가장 중요한 존재다. 그 빗방울은 활짝 핀 연분홍 산벚꽃 나무에 맺힌 이슬이 되고, 빈민촌 쓸쓸한 뒷골목 길바닥에 질편하게 고이는 물웅덩이가 되고, 도시 빌딩숲의 열기를 식히는 소나기가 되고, 유장하게 흘러가는 강물로 흘러드는 하천이 되기도 한다. 어떠한 환경 어떠한 조건을 가리지 않고 그곳에 찾아가 생명을 불어넣는 빗방울에게서 우리는 커다란 깨달음을 얻게 되곤 한다.

우리의 삶을 풍요롭게 하기 위해서는 우선 스스로 풍부한 감성을 가지고 있어야 한다. 그러기 위해서는 감성을 두드려주는 대상에게 귀 기울여야 한다. 비 내리는 날 빗방울들이 자신에게 속삭여주는 자연의 메시지, 천상의 메시지를 들어보라. 사랑하는 이의 모습을 바라보는 것처럼 마음을 열어놓고 생명의 숨소리를 듣다 보면 어느새 겸허해지는 자신을 느낄 것이다.

사물의 현상은 그 어떤 것 하나도 허튼 것이 없다. 반복된 일상을 살아가는 우리의 메마른 삶에 자극을 주고 교훈을 주는 자연에게 감사할 일이다.

빗방울은
대지의 피가 아니겠는가.
지금 그대의 창문에 찾아와
유리창을 톡톡 두드리는 빗방울을 맞이하라.

즐거움이라는

주파수에

영혼의 안테나를

맞춰라

어느 날 잠자리에 들면서 이런 상상을 해본 적이 있는가.
'이대로 잠이 들어서 내일 아침에 깨어나지 않았으면 좋겠어.'
비극적이지만 삶에 지칠 대로 지쳐버린 사람들은 소망을 한다. 이처럼 극도로 우울하고 지친 상태에서는 웃음마저 잃게 된다. 입 주변이 마비되어버린 것처럼, 웃는 법을 잊은 것처럼 생각될 정도이다.
어릴 적에는 사소한 일에도 까르르 웃으며 즐거워하던 그대가 언젠가부터 웃는 일이 어색해지기 시작했다면 지금의 삶을 되돌아봐야 한다. 지금 그대는 지쳐 있고 감성은 메말라버렸으며 삶의 활력을 잃었다는 증거이기 때문이다. 억지로 웃을 수는 없겠지만 예전의 행복했던 시절을 떠올리며 그때의 마음을 되살리는 노력을 하기를 바란다.

아주 사소한 일상에서부터 시작해야 한다. 자신이 좋아하는 사람을 만나거나 좋아하는 음식을 만들어 먹는다거나 즐거운 상상을 하는 것 모두가 웃음의 계기가 될 수 있다. 자신이 처한 현실을 한꺼번에 바꿔놓을 수는 없지만 즐거운 실천들이 반복되면 자연스러운 미소를 되찾게 될 것이고, 그러한 즐거움이 모여 용기를 만들어줄 것이다.

슬픈 일이 일어났다고 해서 마냥 눈물 속에서 사는 것은 어리석은 짓이다. 괴로운 일이 생겼다고 해서 꼭 그 아픔을 온몸으로 받아들일 필요도 없다. 슬픔이 지나가도록 괴로움이 지나가도록 길을 내주면 고통은 그 길을 따라 저절로 사라지게 되어 있다. 대신 기쁘고 즐거운 일들에 더 적극적으로 반응하는 서른 살의 그대가 되길 바란다. 영혼의 안테나를 즐거움이라는 주파수에 맞추고 살다 보면 고통을 극복하는 방법까지 찾을 수 있을 것이다.

치열하게 세상을 살아가고 있다는 것은 반대편에서 볼 때 치열하게 죽어가고 있는 것처럼 보일 수 있다. 물론 살아가는 것 자체가 죽음을 향해 가는 것은 자명한 이치이지만 웃으면서 즐기는 삶과 치열하게 세상과 싸우는 삶과는 큰 차이가 있는 것이다. 누구나 죽음을 피할 수는 없지만 그렇게 매일매일 즐겁게 살아간다면 행복한 표정으로 삶을 마무리할 수 있는 축복을 누리게 될 것이다.

그대는 세상과 작별하는 마지막 순간 즐거운 인생이었다고 회고할 수 있기를 바란다. 자신을 세상의 고정된 틀에 끼워 맞추며 살려고 애쓰지 않기를 바란다. 늘 최선을 다해 최고의 능력을 발휘해야 한다는 압박으로부터 해방되기를 바란다. 그러기 위해서는 최선을 다하되 세상에 떠밀리기보다 스스로 자유로운 상태에서 결정해야 할 것이다. 자신의 모습을 고정시키기보다는 언제든 파격적인 변신이 가능한 상태로 열어두어야 한다. 중심을 잡을 수 있다면 다시 그 자리로 돌아올 수 있으므로 가끔은 일상으로부터 일탈하는 것도 의미 있다. 오로지 개인의 즐거움을 위해 하루를 투자해 보는 것도 괜찮다.

그대는 마땅히 즐거워야 하고 행복하게 웃어야 한다. 그래야 눈을 감는 그 순간에 후회하지 않을 수 있다. 그래도 나름대로 괜찮은 삶을 살았노라고 억울함 없이 세상을 떠날 수 있을 것이다. 어쩌면 내일이 당신의 마지막 날일 수도 있다. 오래전부터 계획해 온 일이 있었다면 다음 기회로 미루지 말고 당장 실행에 옮겨라.

진심 어린 충고를 망설이지 말라

  살다 보면 가까운 사람을 위해 진심으로 충고해 주고 싶을 때가 있다. 당사자는 자신의 길 앞에 늘어선 불행의 그림자들을 보지 못하는 경우가 종종 있는데, 지금 그 말을 해주어야 그가 잘못된 선택을 하지 않을 것 같기 때문이다. 그렇지만 자칫하면 지나친 참견이나 훼방처럼 오해를 받을까 하여 망설이게 되기도 한다.

  결국 충고를 해야 하나 말아야 하나 망설이다가 입을 닫아버리게 되는 것은, 괜한 오해나 귀찮은 시비에 휘말리고 싶지 않다는 계산이 앞선 것이다. 그런데 상대에게 좋지 않은 일이 생겼다면, 더욱이 그것이 자신이 우려했던 결과라면, 그에게 미리 말해 주지 않은 자신을 자책하게 될 것이다. 자신에게 돌아올 비난이나 원망만을 걱정하여 이기적인 행동을 한 것 같은 괴로움을 느끼게 될 것이다.

어둡고 위험한 길을 가려는 친구의 손을 붙잡아주지 않는다는 것은 그를 낭떠러지에 밀어버리는 것과 다를 바 없다. 행복하고 평화로운 삶이란 나만 잘 먹고 나만 잘 사는 것이 아니다. 주변의 소중한 사람들이 불행해지는 것을 방치한다면 그는 한낱 이기주의자일 뿐이다. 그것은 인간의 힘으로 어쩔 수 없는 불행이 아니라는 것이 아니라 자신이 도움을 주지 않았기 때문에 일어난 불행이기 때문이다.

우리는 누군가의 도움이 없이는 살아갈 수 없다. 학교나 직장 또는 사회나 국가라는 단체가 형성된 것도 인간이 단독적으로 살아갈 수 없는 존재이기 때문이다. 그대가 타인의 도움으로 세상을 살아가고 있듯이 그대가 지닌 경험과 지혜를 나누어야 한다. 말 한마디로 한 사람의 인생을 완전히 바꾸어놓을 수 있음을 잊지 말라. 자신의 말 한마디로 인해 그가 성공의 길을 갈 수도 있고 불행의 길로 들어설 수도 있다. 더욱이 옳은 일을 위한 말이라면 망설여서는 안 된다.

누군가를 위해 꼭 해주어야 할 말이 있다면 망설이지 말고 지금 그를 찾아가야 한다. 상대는 어쩌면 자신을 염려하는 성의 있는 말을 간절히 바라고 있었을지 모른다. 설령 그대의 말이 역효과를 일으키거나 오해를 불러일으킨다 해도 두려워하거나 실망하지 말

라. 이미 그의 마음 밭에 옳은 생각의 씨를 옮겨놓았으므로 언젠가 그 땅 위에 비가 오고 태양이 내리쬐고 나면 그대가 뿌린 씨앗은 싹을 틔우고 그 열매를 맺을 것이다. 어렵게 느껴지고 부담스럽더라도 한 사람의 행복을 위해 할 수 있는 일이라면 도움이 되기를 주저해서는 안 된다.

누군가를 위해
꼭 해주어야 할 말이 있다면
혼자 망설이지 말고
지금 그를 찾아가야 한다.

때로는
백치처럼
살아보자

어릴 적 내가 살던 고향에 백치 여인이 운영하는 매운탕 집이 있었다. 그녀는 중학생 딸과 함께 살고 있었는데, 저수지에서 잡은 민물고기로 손님들에게 매운탕을 끓여주고 받는 돈으로 생계를 이었다. 그러나 실상 요리를 하고 손님들에게 시중을 드는 사람은 어린 딸이었다. 여인은 남편이 교통사고로 죽은 이후 갑자기 아무 것도 할 줄 모르는 백치가 되어버린 것이다.

그녀는 자신이 요리를 하고 있다고 믿었고 만나는 사람마다 자신이 그 식당을 운영한다고 말하고 다녔다. 사람들은 수군거렸다. 제정신이 아닌 여자가 자식을 고생시키고 있다고.

그러나 소녀는 엄마에게 늘 고맙다고 말했다.

"엄마, 고마워. 오늘 끓인 매운탕은 참 맛있네."

백치인 엄마는 빈 냄비를 휘저으며 웃을 뿐이었다.

요리도 못하고 청소도 못하는 데다 정신까지 오락가락하는 여인이었지만 딸에게는 세상에서 제일 멋진 엄마였다. 백치 엄마와 아이는 그렇게 서로를 의지하며 오랫동안 행복하게 살았다. 그러던 어느 날 백치 엄마는 저수지에 빠져 삶을 마감했다.

어느덧 어엿한 아가씨가 된 아이는 엄마를 땅에 묻으며 오열했다고 한다.

"엄마, 엄마가 끓여준 매운탕 또 먹고 싶은데 이렇게 누워만 있으면 어떻게 해. 난 요리 못하는 엄마가 세상에서 가장 좋았단 말이야."

그 뒤 백치 엄마의 무덤 위에 한 송이 꽃이 피었다. 천 년 동안 지지 않는다는 전설의 꽃이라고 한다. 그 꽃은 밤이 되면 눈물을 흘리듯 이슬방울을 떨어뜨리곤 했다고 한다.

요즘 세상을 살아가는 일을 생각하면 치열한 전쟁을 치르는 것 같다. 인류의 문명을 날이 갈수록 발전하여 매일 신기술이 쏟아지고, 우리는 인터넷을 통해 새로운 정보와 지식을 실시간으로 습득할 수 있게 되었다. 문명의 발전 속도에 따라 인간의 두뇌는 점점 고도화되고 삶의 패턴 또한 복잡해지고 있다.

우리는 정보와 지식과 능력의 경쟁사회를 살아가고 있다. 더 많은 정보를 얻기 위해 새로운 기술을 익히기 위해, 뒤처지지 않기 위해

안간힘을 쓴다. 가까운 사람이 돈을 벌면 상대적으로 스스로가 부족한 사람처럼 느껴진다. 자꾸 자신과 타인을 비교하면서 조금이라도 더 많은 지식을 얻기 위해 경주하듯 살고 있다. 유능해지면 유능해질수록 그대를 시기하는 자들의 눈빛은 더욱 더 날카로워질 것이다. 잘나가던 그대가 어쩌다 실수라도 하는 날이면 그들은 굶주린 늑대들처럼 달려들어 그대의 성공을 갈가리 찢어놓을 것이다.

좀 더 실력을 갖추고 좀 더 부유해지는 것이 나쁜 일은 아니다. 그러나 그것이 곧 인생의 행복을 의미하지는 않는다. 나는 그대에게 제안한다. 진정 인간답게 살기를 원한다면 때로는 백치가 되어보라고. 그것은 어쩌면 우리의 순수했던 어린 시절의 모습과도 같다. 아직 머릿속에 지식과 처세의 방법들이 들어차기 전의 순수한 때로 돌아가보는 것이다.

그대가 특별한 재능이나 실력을 지녔다면 그 실력을 외부에 다 드러내지 말고 조금은 숨길 필요가 있다. 다른 이들을 안심시켜줄 '백치'의 공간을 남겨두는 것이다. 너무 뛰어난 사람은 타인에게 질시의 대상이거나 뛰어넘어야 할 도전의 대상이 될 수밖에 없다. 그것은 그들에게나 자신의 삶에 좋은 방식이 아니다.

행복한 삶을 살기 위해서는 천재보다 백치의 방식이 더 나을 수 있다. 매운탕집 백치 엄마처럼 비우는 삶, 그 엄마를 사랑하는 딸처럼 배려하는 삶을 배우자.

행복의 별을
그대 품안에

낡고 초라한 옷을 걸치고 초췌한 몰골을 한 어느 순례자가 길을 걸어가고 있었다. 그가 평생을 애타게 찾고 있는 것은 행복이란 이름을 지닌 별이었다.

어디에 가면 행복의 별을 바라볼 수 있을까. 모래바람이 소용돌이치는 사막을 가로지르고 배를 뒤집어버리는 파도를 넘어 지상의 크고 작은 도시를 살펴보았으나, 그는 어디에서도 행복이란 별을 바라볼 수 없었다. 크게 상심한 그는 길 위에 풀썩 주저앉고 말았다.

하늘에서 그 광경을 지켜보던 신이 그에게 물었다.

"너는 무엇을 찾기 위해 그토록 헤매고 다니느냐?"

순례자는 침침해지려던 눈을 번쩍 치켜뜨며 하늘을 올려다보았다. 온 몸에서 광채가 나는 존재가 너그럽게 자신을 바라보고 있음을 느낄 수 있었다.

"저는 행복의 별을 찾으러 다니고 있습니다. 인간에게 고통과 아픔을 주는 별은 많지만 행복을 주는 별은 어디에도 없어서 제가 그 별을 찾아 많은 이들에게 나눠주어 용기와 희망을 되찾게 해주고자 합니다. 그러나 이 몸이 이렇게 덧없이 늙어버릴 때까지 그 별을 찾아 세상 곳곳을 다녀보았지만 아직도 행복의 별을 찾지 못했습니다. 위대한 신이시여. 당신은 행복의 별이 어디에 있는지, 어떻게 따야 하는지 알고 계시지 않습니까. 이제 그 위치와 방법을 알려주소서."

신이 그윽한 눈빛으로 그를 바라보았다.

"밤하늘에 무수히 빛나는 별들을 보거라. 어떤 별은 그 모습 그대로 오랫동안 빛나는 것 같고 또 어떤 별은 짧은 순간 반짝이다가 별똥별이 되어 사그라진다. 행복의 별이 어디에 있다고, 그걸 어떻게 얻을 수 있다고 누가 한마디로 알려줄 수 있겠느냐."

신은 모호하게 말끝을 흐리며 순식간에 시야에서 사라지고 말았다. 순례자는 혼자 덩그러니 남아 신이 남기고 간 말을 되새겨보았다.

'누가 한마디로 알려줄 수 있겠느냐.'

그렇다. 행복이 어디에 있다고 어떻게 살아야 행복해진다고 그 누가 규정지을 수 있겠는가. 그렇지만 나는 지금까지 좀 더 행복한 삶을 위한 해답을 찾기 위해 기나긴 여정을 거쳐왔다. 여러분에게 삶이 비극적인 것만은 아니라는 것, 그 누구에게나 고난의 시기가 찾아오지만 그 환란의 순간에 굴복해서는 안 된다는 것을 말해 주고 싶었다.

우리에게는 아직 발견하지 못한 행복의 별 하나가 아니라 사랑 받기를 기다리는 무수한 슬픔의 별들이 있다. 별 하나 하나에 진심어린 사랑의 눈길과 관심을 줄 수 있을 때 그 별들은 더 이상 슬픔의 별이 아니라 희망과 꿈을 지켜줄 행복의 별이 될 것이다. 행복의 별을 마음의 우주 속에서 찾아보아라. 무수히 많은 별들이 우리에게 감당할 수 없을 만큼의 용기와 선한 의지와 신념을 선사하기 위해 기다리고 있을 것이다.

나는 여러분과 이렇게 책이라는 고리로 만났음을, 그로 인해 아름다운 삶을 살아가고 있음을 행복하게 생각한다. 어떤 형태로 주어진 삶이든 그것에 감사하는 것, 그것이 행복의 별을 키워가는 가장 소중한 밑거름이다. 그리고 자신을 사랑하는 것이 그대의 인생을 황제보다 더 영화롭게 하는 일이며, 타인에 대해 이해와 사랑의 마음으로 대하는 자세가 행복을 완성시킬 것이다. 행복의 별을 그대의 품안에……..

서른 살에 꿈꾸면 좋은 것들

지은이 | 백정미
펴낸곳 | 북포스
펴낸이 | 방현철

1판 1쇄 펴낸날 | 2011년 6월 15일
1판 3쇄 펴낸날 | 2013년 2월 07일

출판등록 | 2004년 02월 03일 제313-00026호
주소 | 서울시 영등포구 양평동5가 18 우림라이온스밸리 B동 512호
전화 | (02)337-9888
팩스 | (02)337-6665
전자우편 | bhcbang@hanmail.net

ISBN 978-89-91120-54-9 03320

값 13,000원